SEÁN Ó RÍORDÁIN
Na Dánta

SEÁN Ó RÍORDÁIN
NA DÁNTA

Cló Iar-Chonnacht
Indreabhán
Conamara

An Chéad Chló 2011
© Cló Iar-Chonnacht 2011

ISBN 978-1-905560-73-8

Obair Ealaíne: Seán Ó Flaithearta
Dearadh: Clifford Hayes / Deirdre Ní Thuathail
Dearadh an chlúdaigh: Abigail Bolt.

Tá Cló Iar-Chonnacht buíoch de Fhoras na Gaeilge as tacaíocht airgeadais a chur ar fáil.

Faigheann Cló Iar-Chonnacht cabhair airgid ón gComhairle Ealaíon.

Gach ceart ar cosaint. Ní ceadmhach aon chuid den fhoilseachán seo a atáirgeadh, a chur i gcomhad athfhála, ná a tharchur ar aon bhealach ná slí, bíodh sin leictreonach, meicniúil, bunaithe ar fhótachóipeáil, ar thaifeadadh nó eile, gan cead a fháil roimh ré ón bhfoilsitheoir.

Clóchur: Cló Iar Chonnacht, Indreabhán, Co. na Gaillimhe.
Teil: 091-593307; Facs: 091-593362; r-phost: cic@iol.ie
Priontáil: Castle Print, Gaillimh.

Clár na nDánta

Réamhrá 3

Eireaball Spideoige (1952)
Réamhrá 29
Seo Libh 39
Apologia 40
An Dall sa Studio 41
An Leigheas 42
Filíocht an Phíopa 43
An Cheist 43
Tionóisc ó Neamh 44
Ualach na Beatha 45
Odi Profanum Vulgus 47
A Sheanfhilí, Múinídh dom Glao 48
Bacaigh 49
Ní Raibh Sí Dílis 50
Torann agus Tost 52
An Peaca 53
An Doircheacht 54
An Stoirm 55
Cuireadh 56
An Dual 57
Sos 58
Éist le Fuaim na hAbhann 59
Cláirseach Shean na nGnáthrud 60
Paidir 61
Do Dhomhnall Ó Corcora 62
Roithleán 64
An Cat 65
Adhlacadh mo Mháthar 66
Na Fathaigh 68
Cúl an Tí 70
Malairt 72
Cnoc Mellerí 73
Oíche Nollaig na mBan 77
An Bás 78
Oilithreacht fám Anam 79
Domhnach Cásca 82
Ceol 84

Oileán agus Oileán Eile 85
Fan! 90
Na hÓinmhidí 91
Feithideacht 95
Duan an Oireachtais 1948 95
Na Blascaodaí 98
An Bóthar 100
? ? ? ? 101
Saoirse 103
Éadóchas 107
Ifreann 109
Teitheadh 111
Paidreoireacht 112
Scagadh 113
Siollabadh 114
An Silhouette 115
Dán 116
An Dilettante 118

Brosna (1964)
    A Ghaeilge im Pheannsa 123
    Rian na gCos 125
    Claustrophobia 127
    Seachtain 128
    An Feairín 129
    Guí 130
    Reo 131
    Na Leamhain 133
    Múscail do Mhisneach 134
    In Absentia 135
    An Moladh 137
    Seanmóintí 138
    A Theanga Seo Leath-Liom 139
    Fiabhras 140
    Daoirse 141
    Tost 142
    Tulyar 143
    An Lacha 144
    Colm 145
    An Gealt 146
    Bagairt na Marbh 146
    Gailearaí 148
    An Dá Ghuth 149
    Soiléireacht 150

Catchollú 151
Éisteacht Chúng 152
Daoine 153
Conas? 153
Fill Arís 154

Línte Liombó (1971)
Línte Liombó 157
Súile Donna 158
Ceol Ceantair 159
Tionlacan na nÓinseach 160
Sa Séipéal Dom 161
Cloch Scáil 162
Tá Pearsa Imithe as an Saol 163
Bean Chaol 164
Aistriú 164
Toil 165
Tar Éis Dom é Chur go Tigh na nGadhar 168
Cló 169
Oíche Ghealaí 170
Solas 172
Bás Beo 173
Obair 173
Ní Ceadmhach Neamhshuim 174
Dom Chairde 175
Mise 176
Ná Fan 177

Tar Éis mo Bháis (1978)
Dán Adhmholta, Mícheál Ó Gaoithín 181
Piscín 182
Teip 183
An Dán Dúr 184
Préachán 186
Údar 186
Joyce 187
Fáthadh an Gháire 189
Barra na hAille, Dún Chaoin 190
Eireablú 191
Crisis 192
An Gad is Giorra don Scornach 193
Clónna Über Alles 194
An Cloigeann Mícheart 195
Tar Éis mo Bháis 196

Tromluí	197
Nuair a Tháinig Fearg Orm le Muintir na Gaeltachta	198
Taoi Tagaithe, a Aodh	200
Gaoth an Fhocail	201
Suan na hÓige	202
Pobal Dé	202
Athmhúscailt na hÓige	203
Mo Bhás Féin	204
Banfhile	205
Áthas is Buairt	206
Gaoth Liom Leat	207
An Eochair	208
Do Striapach	209
Nótaí	211
Innéacs na gCéad Línte	213

RÉAMHRÁ

RÉAMHRÁ

Dá mhéid an meas a bhí ag Seán Ó Ríordáin ar Dhónall Ó Corcora ba mhó ná san fós a ghráin air; ní mór ná go raibh an meas ag cur leis an ngráin. Déarfá ná féadfadh aon chúis mhór a bheith aige air agus nár tharraing an Corcorach chuige riamh i gcló é, ach b'fhéidir gur chúis ann féin an méid sin. Tá an drochiontaoibh á nochtadh féin cheana sa dán 'Do Dhomhnall Ó Corcora' aige dar tosach

> Éirigh is can ár mbuíochas croí dhó,
> Do mhúin sé an tslí, (62)

Ach pé múineadh a bheadh déanta aige nó pé teagasc a bheadh tugtha aige, is ceacht é nár réitigh ar fad leis an Ríordánach gur mhó aige riamh an cheist ná an freagra agus gur ag dul ar amhras ba nós leis a bheith i gcónaí sa chuid is fearr dá shaothar. Slí í seo ná leanfadh sé. Dán ócáidiúil é seo, dán poiblí a ceapadh d'aon ghnó le cur in uimhir ar leith de *An Síol*, iris na mac léinn i gColáiste Ollscoile Chorcaí, a cuireadh amach sa bhliain 1948 in adhnó don gCorcorach a bhí éirithe as a phost mar ollamh le Béarla tar éis cúig bliana déag a bheith caite aige ann. Ach le linn dó a bheith á mholadh os ard i gcomhchlos d'aicme an léinn is é a leithéid seo a bhí á rá aige leis féin os íseal:

> Ba mhaith leis an Ollamh Ó Corcora smacht do chur ar fhilíocht. Smachtaigh an bhorbshamhlaíocht. Smachtaigh an ego. Smachtaigh an fhoirm. Bím ag lorg soiscéil a bhréagnóidh é: e.g. deirim liom féin 'Is glic an smaoineamh é seo: "níl i litríocht neamhphearsanta an Ollaimh ach béaloideas".' Ach diaidh ar ndiaidh tá fealsúnacht an Ollaimh dá cur umam agam. Greadadh chuige, táim cráite aige. (Dialann, 13 Eanáir 1948)

> Ní fhéadaim gan a thabhairt fé ndeara go bhfuil na nithe a scríobhaim ana-thanaí. Sin é an easpa traidisiúin mar a deir an tOllamh Ó Corcora. *Níl aon amhras ná go bhfuil saibhreas sa traidisiún. Tá sé cosúil le hithir.* Tá drochmheas agam anois, an neomat so, ar a bhfuil scríte agam. (Dialann, 19 Eanáir 1948)

Sceitheann sé air féin ábhar i dtreo dheireadh an dáin chomh maith, an té go mbeadh tuiscint ar a chúrsaí aige:

3

Braithim é gan sos ag éisteacht
Mar athchoinsias;
Tá smacht a chluaise ar lúth mo véarsa,
Trom an chuing.

Tráthnóna na teangan in Éirinn,
Is an oíche ag bogthitim mar scéal,
D'éist sé le creagar i véarsa,
Is do chuala croí cine soiléir. (63)

Ach gluaiseacht eile a bhí fé rithimí a mhachnaimh féin nárbh fhéidir ligint do chluas an Chorcoraigh aon chur isteach a dhéanamh uirthi nó gur di ba mheasa. San áit go dtiteann an dán chun seanchais agus chun seanchuimhne i bhfad ó láthair, tá sé curtha mar acht ag an gcinniúint ar an té a scríobh a bheith de shíor ina láthair féin. Agus pé rómánsaíocht a gheobhadh le bheith ag éisteacht 'le creagar i véarsa' ar lic an tinteáin 'tráthnóna na teangan in Éirinn / Is an oíche ag bogthitim mar scéal' thuig sé nárbh é a chúram féin le ceart é: é féin amháin gur bhain an chuid ba mhó agus ba thábhachtaí den scéal leis agus b'é féin nár mhór dó é a insint, agus ní ar an gcuma so é. Sa tslí le linn don bhfear eile a bheith á mholadh agus á mhórú aige go raibh á dhruidiúint uaidh san am céanna, agus dhruidfeadh a thuilleadh le haimsir mar raghadh an comhar gan díol. Pé cuma gur réitigh an tabharthas le Dónall Ó Corcora bhí cúpla dán eile ag an Ríordánach san uimhir chéanna de *An Síol* ná géillfeadh sé in aon chor dóibh agus ná tuigfeadh ach ar éigean, is iad san 'Roithleán' agus 'An Cat'. 'Ábhar nádúrtha' go bhfaigheadh sé blas air, an sórt a thabharfadh ort dul ag póirseáil ar fuaid na reiligí i d'aigne féin, mar a thug 'Inquisitio 1584' thíos Mháire Mhac an tSaoi air féin a dhéanamh.

Dhá bhliain ina dhiaidh sin is ea a foilsíodh *Nuabhéarsaíocht 1939-1949*. Seán Ó Tuama a bheartaigh ar dhánta agus ar údair agus a chuir i láthair iad, agus thug tosach go rábach don Ríordánach: chuir deich gcinn de dhánta leis sa chnuasach (cé nár chuir ach seacht gcinn le Máirtín Ó Direáin gur mó i bhfad a bhí foilsithe aige fén dtráth so) agus dúirt mar seo ina thaoibh:

Ach chun filíocht mhór a cheapadh, filíocht a fhreagróidh follamhas agus anbháthadh anma na haoise seo, caithfidh an file cur chun na teangan a athchruthú, le treoir traidisiúnta, chun caoi a thabhairt dó ar a mheon féin a nochtadh gan bhacaíl ar an nós nua-aoiseach. Is é sin atá á dhéanamh ag Seán ó Ríordáin. Gheofar ina chuid dánta go léir, go háirithe ins na dánta fada aige, léiriú gléineach ar acmhainn speisialta sin an fhile mhóir: a bheith ar a chumas gach cúinne dá aigne féin a nochtadh go hiomlán is go sásúil; samhailtí, meafair is comhfhocail nua á bhfeidhmiú chuige sin aige;

agus ina theannta sin athbheoú á dhéanamh aige chun a leasa féin ar shean-shamhailtí agus ar shean-nathanna cai[n]te. Tá an ard-acmhainn sin le brath in obair Uí Ríordáin ó thosach deireadh.

Sé cinn de dhánta le Máire Mhac an tSaoi a roghnaíodh le cur sa leabhar. Ina measc bhí 'Inquisitio 1584' a chuaigh i bhfeidhm chomh mór san ar Ó Corcora nár bhac sé le haon dán eile dá raibh sa chnuasach san aiste léirmheasa 'Dán Cruinn Beo' aige ar *Feasta*, Feabhra 1953. Aiste anashuimiúil ar shlí eile, leis, is ea í mar gurb é an t-aon áit amháin é go bhfuil anailís déanta i gcló aige ar shaothar Gaeilge atá ag teacht leis an gcuntas ag Seán Ó Tuama ar an nós imeachta a bhíodh sa rang aige: 'Dhéanadh sé mar a bheadh méirínteacht go ceanúil ar théacs gach dáin, phiocadh amach na príomhfhocail nó na príomhshamhailteacha ann ar a raibh an bunmhothú nó an bunléargas bunaithe, thaispeánadh duit conas a d'oibrídís le chéile mar aonad slán ealaíonta.' (*Scríobh 4* (1979), 94) Cineál léirmheastóireachta is ea é sin a bhraithimid go mór in easnamh ar *The Hidden Ireland* aige. An uair seo tugann téacs an dáin ina iomláine ar dtúis agus tosnaíonn ar an gcur síos mar seo:

> Is ar éigean atá dán dá bhfuil de dhánta i *Nuabhéarsaíocht* is minicí a thagann os comhair m'aigne ná 'Inquisitio 1584' ó pheann Mháire Mhac an tSaoi, agus níl aon uair dá dtagann ná go dtugaim taitneamh dó. Tá dánta eile sa leabhar luachmhar san a bhfuil níos mó sonnrachais ag roinnt leo, ach má tá féin ní thagaid thar n-ais chun na cuimhne chomh minic leis, chun mo chuimhne-se ach go háirithe, agus ní hí an fháilte chéanna a gheibhid ar a dteacht.

'Chugatsa san, a shean-chipín dóite!' Mo thuairim go mb'fhéidir gur mó a ghoill an neamhthoradh a tugadh ar a shaothar féin san aiste sin ar an Ríordánach – cé nár neamhthoradh ar fad é ach toradh an doichill – ná aon aiste léirmheasa dá dtáinig ina dhiaidh sin. Ba chuma cad déarfadh an deisceabal, Ó Tuama, nuair ná raibh an máistir, Ó Corcora, sásta. Tráthúil go leor, fógraítear thiar i ndeireadh na haiste 'ar fáil anois *Eireaball Spideoige* dánta le Seán Ó Ríordáin'. Bhí san, agus aiste ar 'Filíocht Sheáin Uí Ríordáin' ag Máire Mhac an tSaoi féin ar a shála ar *Feasta* na Márta. Tar éis di a rá go bhfuil 'a lán rudaí fónta ins na dánta' tá an méid seo aici:

> Níl, mar sin féin, thar leath-dhosaon iarracht orthu atá slán folláin i gcáilíocht aistí neamhspleácha filíochta. Tá, dar liomsa, dhá phríomhchúis leis an leathchuma pheannaideach seo, agus gan ábhar na ndánta a phlé in aon chor fós. Siad san easpa máistríochta ar an dteangain agus easpa tuisceana do scóp meadaireachta na Gaeilge. Damhna mór dóchais é go

5

n-aithníonn Mac Uí Ríordáin féin an chéad cheann. Sé rud is croíúla sa leabhar an chaint uaidh ar an gclúdach, a léiríonn dúil a bheith aige 'teacht i dtír i dteangain ná beidh i bhfad ó Ghaeilge na Gaeltachta'. Más dáiríribh dó á rá san, bíodh sé de chiall aige a chloigeann a líonadh den nGaeilge chéanna an fhaid atá sí le fáil aige. Díríodh sé a iarrachtaí ar labhairt seachas ar scríobh, ar éisteacht seachas ar labhairt; agus cuireadh sé a ghuí nach bhfuil sin ró-dhéanach aige, ach go bhfuil cumas foghlama fós ann, agus go bhfágfar aige máistrí chun a mhúinte. Óir is ceann de na deacrachtaí a bhaineann le scríobh na Gaeilge gur teanga bheo í. Ní féidir dánaíocht thar meon a dhéanamh uirthi gan díobháil di. Ní féidir ach go háirithe a shocrú do réir reachta go mbeidh Gaeilge ar leith ina Gaeilge ar Bhéarla ar leith, agus gan de chúis leis ach gur saoráid sin do scríbhneoir éigin. Sé toradh a bhíonn ar a leithéid ná caint ná deir faic in aon chor, comharthaí nach féidir a léamh gan eochair.

Tá glacadh aici le dánta áirithe sa leabhar, ach níl ann ach san. Molann 'Odi Profanum Vulgus' ach ní moladh mór é mar 'Ní filíocht mhór é, ach tá sé go deas snasta idir smaoineamh agus léiriú. Níor náir iad an dá rann d'aon fhile a tógadh ón gcliabhán le Gaeilge. Tá dánaíocht bhreá cainte iontu, ach níl dá bharr san aon mhearbhall tuisceana ar an léitheoir, agus má tá fonn gáirí air is le toil an fhile atá, murab ionann agus i gcónaí sa chnuasacht so.' Is é an dála céanna é ag a thuilleadh acu go dtugtar a bpas ar éigean dóibh, dánta a meastar 'gan bheith ró-éirimiúil, a bhfuil éirithe go réasúnta leo.' Áirítear 'Bacaigh', 'Cúl an Tí', 'Scagadh', 'An Dall sa Studio' agus 'Siollabadh' orthu so. Cuid eile fós acu 'nach amháin go bhfuilid gan bheith go maith, ach go bhfuilid chomh dona san gurb ionann iad á léamh agus a bheith ag fáscadh ghainimhe fét' fhiacla: 'Tionóisc ó Neamh', mar shampla, nó 'An Peaca' nó 'Ní Raibh Sí Dílis'.' Chomh fada le hábhar na ndánta, níl in a lán de ach 'gnáthscrupaill choinsiasa an ghnáth-Chaitlicigh óig sa tír agus san aois seo' agus gan iad san féin tugtha leis go cruinn ar fad aige toisc iad a bheith 'beagán falsaithe arnó de bharr culaith Ghaeilge a chur orthu ach inste go cuíosach fírinneach tríd is tríd.' Agus cé gur geal lena croí 'an tsamhlaíocht mhórthaibhseach atá le haithint i measc an fhéinscrúdaithe go léir' tá tréith eile a moltar dó a sheachaint feasta, ceann 'gur leor mar chomhartha air', dar léi, 'teideal an leabhair, Eireaball Spideoige. Níl de thoradh i ndán don sórt san maoineachais ach míchompord a chur ar an léitheoir. Dá thúisce a caitear fé thón cártaí é sea is fearr.' Sa tslí nár fágadh thíos ná thuas air é. Fágadh gan teanga, gan mheadaracht, gan ábhar puinn é, agus dá mb'é teideal an leabhair féin é níor tháinig sé slán. Agus níorbh é 'Eireaball Spideoige' amháin é ach an dán, 'Adhlacadh mo Mháthar', gur shamhlaigh sé a oiread san tábhachta leis gur chuaigh sé ag lorg an teidil air:

Ranna beaga bacacha á scríobh agam,
Ba mhaith liom breith ar eireaball spideoige,
Ba mhaith liom sprid lucht glanta glún a dhíbirt,
Ba mhaith liom triall go deireadh lae go brónach. (67)

Bhí maoithneachas dá leithéid sin coiscthe feasta air, ná ní chleachtfadh puinn as so amach.

D'fhan an Ríordánach i leataoibh ón gconspóid phoiblí a lean, ach bhí údair eile a thug freagra thar a cheann: b'iad san Seán Ó Tuama, Máirín Ní Mhuiríosa agus Máirtín Ó Direáin; Ó Direáin is mó díobh go raibh seasamh neamhspleách aige mar fhile áitithe agus mar chainteoir dúchais Gaeilge, agus b'í breith a thug sé siúd ar an scéal tar éis é bheith cíortha go mion aige, an méid a bhain le mionphointí teanga go háirithe:

> Ní abraim go bhfuil léirmheas Mháire Mhac an tSaoi éagórach go feasach, ach nuair cuirtear drochGhaeilge i leith file agus nuair a bréagnaítear ansin an cur i leith céanna, nó cuid de, níl le déanamh ach leithscéal umhal a ghabháil leis an bhfile. (*Feasta*, Bealtaine 1953)

Ach bhí an leithscéal gan ghabháil, agus in ionad aon mhaolú a dhéanamh ar an gcaint is amhlaidh a treisíodh léi sa chéad iarracht eile aici dhá bhliain ina dhiaidh sin ar *Studies*, earrach 1955. Labhrann arís anso ar na 'comharthaí nach féidir a léamh gan eochair', agus deirtear 'Chím an dainséar so ag bagairt ar Ó Ríordáin. An fhad a bheidh a chuid Gaeilge ina calc ar an mBéarla níl aige ach saghas Esperanto.' Agus in ionad aon toradh a thabhairt ar an ní a bhí ráite ag Ó Direáin tarraingíonn sí chuici é ar shlí eile ar fad chun tacú leis an áiteamh aici féin. Tosnaíonn le cúrsaí meadarachta, le ceol is le rithim na cainte, ach is í an abairt dheireanach a mhairbh ar fad é, mar nár mheasa leis Esperanto a chasadh leis ná an Béarlachas, agus a bhráthair gaoil treasna anonn uaidh, nár stad de bheith ag déanamh teasargain dó, curtha á fhéachaint leis.

San áit go raibh impithe cheana aici 'ar Mhac Uí Ríordáin filíocht na nuaGhaeilge ó aimsir Uí Rathaille anuas a léamh agus a mhachnamh' (cé nár dhóigh liom go bhféadfaí filíocht nó aon ní eile 'a mhachnamh') agus go raibh sé ráite aici go mbeadh 'grásta nó dhó aige féin le foghlaim ó fhile an Oileáin, ó Sheán Ó Duinnlé', is ó cheapadóireacht de shaghas 'Beauty Deas an Oileáin' aige, is é a deir sí anois:

> Tá briste i bhfad níos glaine [ag Máirtín Ó Direáin] le seanfhuirmeacha an amhráin ná mar atá ag Ó Ríordáin, ach tá cloíte go dlúth aige le ceol nádúrtha na Gaeilge. Ní gá aon fhórsáil á dhéanamh ar rithim na cainte chun pátrún scaoilte na línte a leanúint. Ní gá aon fhórsáil a dhéanamh ar

7

bhrí réasúnta na bhfocal chun ciall a smaointe a thuiscint, agus go minic tá na smaointe lán chomh nua sa Ghaeilge agus atá aon inspioráid de chuid an Ríordánaigh. Samhlaítear dom gurb' é seo an difríocht idir an dá fhile: ní féidir an Ríordánach a thuiscint gan Béarla ná Máirtín Ó Direáin gan Gaeilge.

Ní ar *Feasta* ná ar *Studies* amháin a fearadh an cath mar bhí sé ar siúl ar *Inniu* ón 30 Eanáir, 1953, an lá a chuir C[iarán] Ó N[ualláin] tús leis sa léirmheas aige féin ar *Eireaball Spideoige*; cé nár cháineadh ar fad aige é, ba lánait leis cuid mhaith dá bhfuair sé roimhe. Bhí nithe áirithe, dar leis, nar chóir a chur i ndán; tugann iarracht ar an scéal a mhíniú mar seo:

> Ba chuma file bheith comh sáite ann féin is tá Seán Ó Ríordáin dá luíodh a intinn ar smaointe a mbeadh bun nithiúil leo agus iad in aice croí an ghnáth-dhuine. Bhí a leithéid d'ábhar uilí aige i 'Adhlacadh mo Mháthar' agus sé an dán is fearr dar scríobh sé é. Ní hábhair dánta dar liomsa na smaointe aisteacha atá i 'Roithleán', 'Na Fathaigh', 'Ceol', 'Fan!', 'Feithideacht', 'Cláirseach Shean na nGnáthrud'.

Agus maidir leis an Réamhrá a bhí curtha aige leis an leabhar níorbh aiteas ná áiféis go dtí é:

> Tá sé ar na píosaí scríbhneoireachta is iontaí dár léigh mé riamh. An féidir gur dáiríre a bhí an t-údar agus é á scríobh? Nó an i modh grinn a cumadh é, mar mhagadh ar na daoine a bheas ag ligean orthu go dtuigeann siad é agus gan a fhios acu ó thalamh an domhain caidé a chiallaíonn sé, ach oiread liom féin? . . . Is fearr damh gan aon rud a rá fá na barúla áiféiseacha fán anam, fán tsíorraíocht, fá chorp Chríost, srl., a snámhann chugainn i gcaint mheaforach mar bheadh néalta ag nochtadh tré cheo, agus iad bunaithe ar chiall iontach éigin a bhaineann Seán as 'geit' agus 'cimilt' agus an 'phaidir' réamhráite. Bhí sé an-amaideach an Réamhrá seo a fhoilsiú.

B'eo sa tsiúl arís an chaibideal agus an t-aighneas: Seán Ó Tuama, Máirtín Ó Direáin, Peadar Bairéad agus Máire Bhreathnach ag tabhairt gach re sea do C. Ó N. seachtain i ndiaidh seachtaine amach go dtí an 20ú Márta. Glaodh ar dhiagaire chun an scéal a réiteach agus cuireadh a bhreith siúd i gcló Márta 13; ní leis an Ríordánach a chuaigh:

> Is follas ón chomhfhreagras ar *Inniu* go bhfuil foréigean á dhéanamh ar bhríthe traidisiúnta na bhfocal seo ['anam' agus 'paidir'] mar mhaithe le brí phearsanta an Ríordánaigh a chosaint. . . . Béidir gurb é seo an laige is mó san Réamhrá: easpa cruinnis in úsáid téarmaí a bhfuil ciall bheacht leo

8

leis na cianta. Is tuigthe dúinn, ar ndó, nach mar dhiagaire ach mar fhile tá an Ríordánach ag scríobh. Mar sin féin, éinne a bheith ag baint ciall róscaoilte nó ró-phearsanta as téarmaí mar 'anam' agus 'paidir' ní féidir tada teacht de ach leonadh na firinne.

Ón uair gur cúrsaí diachta is mó a bhí sa treis an uair seo agus gur leis an Réamhrá a bhaineadar seachas leis na dánta, níor bhaol don gcaint dul chomh gairid don bhonn a bhaint de ina cháilíocht file agus a chuaigh an méid a bhí ar *Feasta* agus ar *Studies*; scéal thairis ab ea a leithéid seo cuid mhaith. Fós, chuir sé chuige go cáiréiseach gach páipéar riamh acu – bhí dhá chóip aige den uimhir go raibh an aiste 'An Réamhrá seo mar chítear do dhiagaire é' – agus choinnibh go dtí lá a bháis iad. Ag gabháil tríothu anois, agus iad i riocht titim as a chéile le haois is le neamhaird, déarfá leat féin nár mhór an ní ab fhiú iad ar aon taobh muna mbeadh ar lean de chiapadh is de chéasadh intinne is de lagmhisneach iad.

Ní raibh sa léirmheas, dá mba léirmheas é, ag 'Thersites' (Thomas Woods) ar *The Irish Times* ach leithscéal chun cás an scríbhneora sa Nua-Ghaeilge a phlé. Cé ná raibh an té a chuir an scéal ar bun gan báidh éigin a bheith aige le scríbhneoireacht na Gaeilge trí chéile, agus go mórmhór leis an scríbhneoir áirithe seo, níor dhóigh leis go bhféadfadh sé an bheart a dhéanamh go deo, dá fheabhas is a bheadh sé mar fhile. Níor luaigh dán ná focal leis dá raibh sa leabhar ná níor bhuail méar ar dhearúd dá raibh déanta aige. Níor chúrsaí dearúd mar sin é ach gur dhearúd aige ó thosach deireadh tabhairt fé fhilíocht a scríobh i nGaeilge agus gan an teanga aige féin ó dhúchas ná ag lucht léite an leabhair; ba léir breith a bheith tugtha aige roimh ré air agus é daortha aige de réir na teoirice.

In recent years there have been more successful experiments in writing in Irish poetry of a novel and of an emotional complexity equal to that of poetry in other modern European languages. The most striking of these experiments have been carried out by a young Cork poet, Mr Seán Ó Ríordáin, whose first volume of verse has now been published. . . . Mr Ó Ríordáin is a poet who has been influenced more by Mr Eliot and M. Valéry, one would say, than he has been by Aodhagán Ó Raithile. He has an interesting and sensitive mind and possesses remarkable skill in rendering his poetic thought into a language of which he is not a native speaker. This should be enough to guarantee that his first book is valuable, though difficult, reading.

Yet, I confess to a little doubt in my mind. There can be no question of Mr Ó Ríordáin's quality as a poet in the abstract. But has he chosen the best channel for communicating? It must be extraordinarily difficult to write poetry in a language that is not native to one (in fact, I suspect it has never been done). But the problem seems to me to be almost insoluble, if to this you add the difficulty of your audience. For to whom are Mr Ó Ríordáin's poems addressed? Hardly to native speakers, who would find difficulty in appreciating fully their import - not only from differences of environment (Mr Ó Ríordáin is a city dweller), but also because no matter how excellent Mr Ó Ríordáin's command of the language is, it can never comprehend that instinctive feel for the connotations of words and phrases that only a native speaker can have. It is possible for classical dons to write Latin and Greek verse, grammatically and metrically beyond reproach and of considerable charm for modern readers; but these verses would indubitably have seemed rather meaningless and possibly absurd to an ancient Roman or Greek. Mr Ó Ríordáin's audience is rather like that of the classical dons: it is people, like myself, who have acquired Irish in school and at college, and the communication involved must necessarily be somewhat artificial. In other words, it is difficult to avoid the impression that what is going on is a highly ingenious exercise, which, whatever its charm, has really very little to do with poetry.

Tháinig na freagraí go tiubh tapaidh agus freagra arís ar chuid acu san thar n-ais ag 'Thersites'. Seán Ó hÉigeartaigh, go raibh '(Stiúrthóir Bainistí), Sáirséal agus Dill, Teo.' curtha síos mar ionad agus mar údarás dó, agus Máirtín Ó Direáin ba staidéartha stuama á fhreagairt ar an dtéid chéanna; Mac Uí Éigeartaigh ar dtúis:

> Although 'Thersites' has made Ó Ríordáin's poems the occasion of his disquisition on the importance of writing in one's native language, he has not rested his theories on any criticism of the content of the poems.

Níor mhiste do Mháirtín a fhiafraí de cad é an locht a bhí aige ar Ghaeilge an Ríordánaigh, agus gan aon locht aige féin uirthi, an té is mó a bhí i dteideal an scéal a mheas mar fhile is mar chainteoir dúchais:

> In any case 'Thersites' has made no real attempt to show how the work of Seán Ó Ríordáin falls short of the standard he, 'Thersites', would expect from a native speaker. One wonders why? Surely this would be the only honest method of criticism in a case like this.

Dhá litir a chuir Patrick Kavanagh ar an leacht. Ba bheag air siúd aon ní i bhfoirm fianaise go háirithe nuair is le Gaeilge a bhain; toircheas bréige an nualitríocht so ar fad:

> Every sincere man and woman can see the ultimate death of the Gaelic language. But instead of facing the fact and trying to see what might be saved for the future – and we all wish something to be saved – they keep

saying that not only is old Mother Tongue not on her death-bed but that she is pregnant and about to give birth.

Freagra grod dá chuid féin ag Brendan Behan nárbh fhear teoirice riamh é féin agus dhein spior spear den scéal láithreach; bhí a oiread cirt ar a laghad ag Seán Ó Ríordáin chun na Gaeilge agus a bhí ag Samuel Beckett chun na Fraincise, dar leis:

> 'Thersites' informs us that there are parts of Ireland where Irish is the living language. He may be right. I was never far enough out of Dublin to find out what goes on in the bog. I see them all running out of it. . . . I don't see, however, that Seán Ó Ríordáin, born in Baile Mhúirne, is not as well entitled to write in Irish, as Samuel Beckett, born in Dublin, is to write in French. Both are friends of mine and bedamned if I'll make fish of one and flesh of the other.
>
> Though, when all is said and done, I don't think Ó Ríordáin will be much the worse of 'Thersites', nor Samuel Beckett anything better of a pull on the peak of the caubeen from him.

Gearradh amach gach litir bheag bhuí díobh agus cuireadh i dtaisce go cúramach na gearrthóga, uimhreacha óna haon go dtína sé curtha ag an Ríordánach le nithe áirithe a bhí ráite sa léirmheas ag 'Thersites' fé mar dá mbeadh sé i mbun freagra a thabhairt air, cé nár dhein ach oiread is a thug ar an gcuid eile acu. Thiocfadh léirmheasanna níos tuisceanaí le haimsir agus cuirfí i leataoibh iad san chomh maith; é seo, abair, ó John Jordan nuair a cuireadh an leabhar amach arís sa bhliain 1970:

> Seán Ó Ríordáin's revolutionary first collection was published originally in 1952. I had not read it through since and may be forgiven for approaching this handsome new edition in a mood of wariness.
>
> Would the book's impact be as great as it was eighteen years ago, when the *nua-fhilíocht* was still a strange and exciting phenomenon? Well, I found it even more arresting, and I do not credit that to the fact of knowing Irish a little better than I did eighteen years ago.
>
> I do attribute it to being eighteen years older. Ó Ríordáin is not a poet for young men. To know him fully one needs the gravamen of experience. One needs to know the desolation of three o'clock in the morning, the atrocious ambushes of the heart, the shadow of death and, of course one needs, in Unamuno's famous phrase, 'the tragic sense of life'.

Ach ba ró-annamh a leithéid sin á rá leis i mBéarla nó i nGaeilge, agus ar aon tslí bhí sé i bhfad ródhéanach fén am san.

Dónall Ó Corcora agus Máire Mhac an tSaoi is mó go dtugtar toradh orthu sa dialann; dá laghad a bhuíochas orthu tuigeadh dó gurbh iad beirt a dhiongbhála iad. Níl an léirmheas ar *Feasta* ach díreach léite aige nuair a deir le seanbhlas air féin agus ar an té a scríobh:

> Lá ná raibh suairc caite agam. Tá oiread spídiúcháin fachta agam ó dhaoine mar Mhary McEntee go bhfuil eagla orm focal Gaeilge a bhreacadh síos. Tá *Parliament na mBan* á léamh agam agus mé i bhformad go mór leis an údar, an mháistreacht ar an dteangain atá aige. Táim gan aon iontaoibh agam asam féin, ach go háirithe. Mar sin féin ní i mBéarla a scríobhfad go ceann tamaill eile. (Dialann, uair an mheán oíche, 8 Márta 1953)

Ní fios go cruinn cad dúirt an Corcorach leis go gairid ina dhiaidh sin, más é a dúirt; samhlaímid an comhluadar bailithe mar ba ghnáth, Seán Ó Tuama an tAthair Tadhg agus a thuilleadh acu, agus Ó Corcora mar cheann urra agus mar cheann comhairle orthu. Na léirmheasanna ag dul sa timpeall; ba bheag ba ghá d'aon duine acu a rá:

> Tá an Carghas tharainn nach mór agus ní chuala aon cheol eaglaise. Tá uaigneas agus fuacht orm agus ní bhfaigheann mo chroí faoiseamh sa teangain seo mar a gheibheadh sarar thosnaigh na léirmheastóirí ag iarraidh mo theanga féin a bhaint díom.

> Do thugas cuaird ar thigh an Ollaimh Uí Chorcora istoíche Dé Sathairn 'imigh tharainn agus níor chodlaíos in aon chor an oíche sin le náire. (Dialann, Aoine an Chéasta, 3 Aibreán 1953)

B'fhuirist é a chur dá threoir riamh, ach is measa fós anois é agus pé iontaoibh a bhí aige as féin cheana caillte aige. Cé nach móide go raibh an t-am san riamh ann go ritheadh an fhilíocht chomh héasca leis go bhféadfadh sé 'véarsa a chrochadh ar gha gréine' – sa bhéaloideas agus sa chuimhne amháin a tharlaíonn san – is mó fós an t-amhras atá anois aige air féin agus fáth maith aige leis. San oíche nó go luath ar maidin is measa de ghnáth é; sleachta fánacha inár ndiaidh anso ab fhéidir a mhéadú fé thrí. Is déine air féin é ná aon léirmheastóir díobh, cé gur ag tógaint ar a gcuid cainte siúd a bheadh sé. Cuid den gcaint a bhí sroichte chuige i scríbhinn, cuid eile ó bhéal, agus an méid a bhí curtha aige féin léi ina shamhlaíocht le himeacht na haimsire. Ní i gcónaí a ainmnítear an té a chuir síol an amhrais ina cheann ach is gnáthach é nó í le haithint ón dtréith a luaitear: is deacair gan 'maoithneachas gránna' a rianú siar go dtí an méid a bhí ráite ag Máire Mhac an tSaoi, abair, agus bíonn cóipcheart ag Ó Corcora ar gach a mbaineann le dúchas. 'Corkery' nó 'Korkery' is ea anois aige é, áfach, agus is fada ó thug sé 'Ollamh' air; 'táthaire' nó 'teallaire' is oiriúnaí leis a thabhairt anois air.

Bhí tráth agus is beag tinneas a chuirfeadh teanga orm. Do chrochfainn véarsa ar gha gréine an uair úd agus do choinneodh an ga gréine suas é. Na scoláirí agus na léirmheastóirí a bhíonn ag iarraidh lagsprid a chur orainn agus gan iontu féin ach mioscais. Cé thabharfadh toradh orthu ach amadán? Ach bíonn glór beag istigh á rá gur acu atá an ceart. Ní túisce glactha leis an nglór so ná siúd glór beag eile agus a mhalairt á rá aige. (Dialann, 12 Feabhra 1956)

An Eoraip ar maidin! An í seo an Eoraip? Tá daoine ann agus b'fhearr leo nárbh í. 'Ní mór dúinn an dúchas a chosaint ar an iasacht.' Féach an t-eiriceach beag mallaithe thíos i mBun an tSábhairne, Daniel Corkery as Anglo-Ireland, agus é ag síor-sheámsaireacht mar gheall ar dhúchas ná raibh riamh aige. Ach ní fheadar an ceist dúchais in aon chor í? Is ceist formaid í. Ní hé an dúchas a theastaíonn ó Daniel Korkery ach Daniel Korkery féin. Sin é an Hidden Ireland – eadhón Daniel Korkery féin. (Dialann, 8.12 a.m., 29 Aibreán 1958)

Dúisithe. Níl aon ghiorranáile orm. Mar sin féin nílim gan eagla. Go hobann chuimhníos ar na véarsaí úd a chuireas i dtosach *Eireaball Spideoige* ('Seo libh a dhánta tríd an tír . . .) agus tháinig náire orm. Maoithneachas gránna! Cad chuige d'aoinne cac den tsaghas san a scríobh?

Gan ach comhairle eaglach ár gcroí
I lár na hoíche diamhaire.
[. . .]
Tá baint agaibh le bualadh croí
Ar chuma an éin[ín] bheannaithe. ('Seo Libh', 39)

Cac, cac, cac ar fad! Mar sin féin is leor na línte seo, dá olcas iad, d'fheiscint scríte ar an leathanach chun mian doshásaithe na cumadóireachta a mhúscailt i nduine. (Dialann, 5.15 a.m., 25 Meán Fómhair 1958)

Bhíodh filíocht á scríobh sa Ghaeilge go dtí gur leag Dónall Ó Corcora a lámh mharbh uirthi. Mo mhallachtsa ar an dtáthaire! (Dialann, 17 Deireadh Fómhair 1960)

Oíche. Dá mb'áil liomsa gan éisteacht lena gcuid cainte siúd fé mheadarachtaí bheinn ag scríobh filíochta inniu. Ach d'éistíos leis an dteallaire beag Corkery agus lena thuilleadh acu. D'fhág san thiar orm. (Dialann, 12.20 a.m., 13 Feabhra 1961)

Ach is í an cheist ar deireadh: cad é an scéal ag an bhfilíocht é? Seo é an freagra a thug an Ríordánach féin ar Sheán Ó Mórdha nuair a chuir sé ceist air cén difríocht a bhraith sé a bheith idir *Eireaball Spideoige* agus *Brosna*. Cé

13

go mb'fhéidir nach iontaoibh a leithéid seo de fhreagra i gcónaí nuair is ag cur síos ar a saothar féin a bhíonn an file, dar liom go bhfuil an fhírinne ar fad aige maidir leis an 'inspioráid':

Má tá difríocht, tá an difríocht so, ach go háirithe – do cáineadh mé go mór nuair a cuireadh *Eireaball Spideoige* amach mar gheall ar mo chuid Gaeilge nó mo chuid easpa Gaeilge agus do dhírigh sé sin m'aire ar an nGaeilge níos mó b'fhéidir, agus b'fhéidir go bhfuil m'aire dírithe níos mó i m*Brosna* ar an bhfriotal ná mar a bhí in *Eireaball Spideoige*. Nuair a thosnaíos ar scríobh ar dtúis ní rabhas ag cuimhneamh ar an nGaeilge in aon chor, bhíos ag cuimhneamh ar an bhfilíocht. Bhíos tar éis bualadh le Yeats agus leo súd agus bhíos ag úsáid pé méid de Ghaeilge Bhaile Bhuirne a bhí fanta im cheann. I m*Brosna* is dócha go rabhas ag cothú na Gaeilge b'fhéidir. Léas trí *Eireaball Spideoige* agus faighim an-chuid lochtaí air cinnte. Anois is arís braithim ag gabháil tríd, braithim an rud ar a dtugtar filíocht áit éigin san aer b'fhéidir. Uaireanta eile braithim leamh ar fad é, gan aon rud ann. . . . Déarfainn ar chuma éigin go mb'fhéidir go raibh níos mó inspioráid agam an uair sin, b'fhéidir. (*Scríobh 3*, 174)

Cé gur ar an 'b'fhéidir' is treise é, níl aon amhras air, mo thuairimse, mar nach miste dhá leath go cruinn a dhéanamh de shaothar Sheáin Uí Ríordáin, an méid a bhí cumtha aige nuair a foilsíodh *Eireaball Spideoige* agus an méid a chum sé ina dhiaidh sin. Ní leor leis feasta an gaol sinseartha a bhí aige le cainteoirí dúchais ar a chine féin a mhaíomh, mar a bhí déanta cheana go fileata in *Eireaball Spideoige* aige:

> Bhí lámh ag mo sheanathair ann,
> Cé nár chleacht sé riamh filíocht,
> Ach bhí duanaire bó bainne aige
> Sa bhfeirm i gCiarraí.
>
> [. . .]
>
> Do fágadh bainne i bhfocalaibh,
> An fhírinne i gcích,
> Ní neamhionann crú na bhfocal san
> Is sniogadh na siní. ('Dán', 117)

Nó a athair, Seán gréasaí, cainteoir dúchais eile de Ríordánaigh Bhreaca, a thug cúl leis an slua fadó riamh agus a lean go dílis dá cheird; ceardaí focal is ea é féin anois. Uaigneas na ceirde is ábhar don dán 'Odi Profanum Vulgus'. Oireann nath Horace go hálainn dóibh beirt. Ach tá níos mó ná san ann mar go mbraitheann tú an gaol eile, gaol an dúchais, á lorg agus á chur isteach aige laistiar.

> Ní fada bhíonn duine ag cleachtadh gréasaíochta
> Nuair thagann claochló ar a iompar,
> Is labhrann sé feasta mar labhair leis na blianta
> Gach bráthair a dhealbhaigh buatais.
>
> Ní fada bhíonn duine ag cumadh filíochta
> Go scarann le daoscar na céille,
> Is gabhann sé go huaigneach mar gabhadh leis na cianta
> Le tuairim is dínit na cléire. (47)

Ach ní féidir leis talamh slán a dhéanamh den ngaol san feasta arís. Is é mar a thosnaíonn *Brosna*:

> A Ghaeilge im pheannsa,
> Do shinsear ar chaillis?
> An teanga bhocht thabhartha
> Gan sloinne tú, a theanga ('A Ghaeilge im Pheannsa', 123)

Is i dtéarmaí comhriachtana a shamhlaíonn sé an scéal i ndán eile sa chnuasach céanna, 'A Theanga Seo Leath-Liom'. Ionann teanga leath-liom agus teanga liom-leat: ní féidir lániontaoibh a thabhairt léi ná do rún a ligint léi. Ní mheileann leath-aigne ach an oiread le leathbhró; ina theannta san leathéan is ea é féin i gcónaí agus ní bhraitheann sé an teanga seo fial féna cuid. Ach ar a shon san tá sé meáite ar dhul inti agus leanbh a bhaint aisti ar áis nó ar éigean:

> Ní mheileann riamh leath-aigne,
> Caithfeam dul ionat;
> Cé nach bog féd chuid a bhraithim tú,
> A theanga seo leath-liom. (139)

Maidir leis an tríú dán den gcineál san sa leabhar, 'Éisteacht Chúng', is ródheacair gan aontú le 'Flann Mac an tSaoir' (Tomás Ó Floinn) nuair a deir gur sampla é den ní 'a tharlaíonn nuair a leanann an gabha den bhualadh nuair atá an t-iarann fuartha. . . . Bhí sé ceart ag an bhfile éirí as seo tar éis an chéad cheithre líne.' (*Feasta*, Eanáir 1966) Agus níor dhóigh liom iad san féin a bheith slán ar fad mar táim go mór in amhras ar an leagan cainte 'bodhar don teanga Ghaeilge' ('deaf to the Irish Language'). Agus ón uair gur marbhghin ó thús é is beag a mheánn an ráiteas nó an forógra ina dheireadh. B'fhéidir go n-oirfeadh 'Éisteacht Chúng' mar fhreagra ar 'Thersites' ach, pé rud ba mhaith leis a mhaíomh, is mó atá sé ag géilleadh anso dó maidir le pobal a bheith aige nó gan a bheith:

> Tá an slua bodhar don teanga Ghaeilge
> A chloisim ón Raidió á labhairt anocht,
> Is táimse iata in éisteacht chúng
> I lár na bodhaire Béarla istigh:
> Éisteacht na bodhaire is í is leithne,
> Is léi gach cluas,
> Cluas na tuaithe, cluas na cléire,
> Níl sí gan seilbh orainne,
> Cluas an tarna héisteacht:
> Bhfuil mo leithéid thart,
> Éistithe ar fad?
> Bodhaire ag éisteacht,
> Bailbhe ag labhairt,
> Urlabhra balbh
> Is éisteacht bodhar:
>> Is mó éag a fuair an teanga seo againne,
>> Ach go brách ní bhfaighidh sí éag ionainne,
>> Cé gur minic í ar fionraí
>> Dár lomdhearg ainneona. (152)

Is mór idir é agus 'Fill Arís' mar a bhfuil filíocht déanta den ráiteas sa tslí nach ráiteas níos mó é agus nach mar ráiteas is cóir é a thuiscint: é chomh mór san istigh leis féin laistigh den teanga agus oiread scóip fé go samhlaíonn sé ná teastaíonn ach í chun go mbeadh cead cainte againn go léir agus chun go labharfaimis fíor. Teanga na ndaoine déanta de ghramadach na leabhar agus fáil go flúirseach i nDún Chaoin uirthi agus siar amach ár stiúrú thar n-ais orainn féin, sa tslí go mba dhóigh leat gurbh í a bhí á labhairt riamh againn. Cló na teanga agus cló an chine comhfhad comhleithead le chéile; iad ag sroichint agus ag cothú agus ag ceiliúradh a chéile. Scéal thairis is ea 'Shelley, Keats is Shakespeare'; ní le gráin orthu a cuirtear i leataoibh iad ach ná baineann siad le hábhar a thuilleadh agus nár bhain riamh le ceart. Ní teangeolaíocht í ná ní stair liteartha ná stair chultúrtha í ach lúcháir annamh an tsamhraidh, an fhilíocht agus an teanga ina n-aoirde lán:

> Dein d'fhaoistin is dein
> Síocháin led ghiniúin féinig
> Is led thigh-se féin is ná tréig iad,
> Ní dual do neach a thigh ná a threabh a thréigean.
> Téir faobhar na faille siar tráthnóna gréine go Corca Dhuibhne,
> Is chífir thiar ag bun na spéire ag ráthaíocht ann
> An Uimhir Dhé, is an Modh Foshuiteach,
> Is an tuiseal gairmeach ar bhéalaibh daoine:

Sin é do dhoras,
Dún Chaoin fé sholas an tráthnóna,
Buail is osclófar
D'intinn féin is do chló ceart. (154)

'Do C' a tiomnaíodh *Eireaball Spideoige*, is é sin do Cháit Ní Fhoghlú, an bhean ba throime a ghoid a ghrá riamh i gcaitheamh a shaoil. 'Do mhuintir Dhún Chaoin' a thoirbhrigh sé *Brosna*, agus ní fearr comhartha a bheadh againn ar an athrú a bhí tagtha ar a chúrsaí idir an dá linn. Níorbh é taobh na teanga amháin é ach an ní a bhí aige feasta le cur in úil inti agus an ní ná raibh. Bhí tamall gur shamhlaigh sé gnáthshaol a bheith i ndán dó, pósadh agus sláinte, a bheith ina dhuine mar chách. Tuileann saibhreas an tsaoil sin amuigh isteach sa dán 'Saoirse' agus tugann an dán sciuird reatha amach ina threo. Deineann móraíocht den tsuaraíocht láithreach. In aon tráthnóna amháin a cumadh, fómhar na bliana 1950. Is ar éigean a fhanann an raidhse leis na focail a theacht suas léi:

> Is do thugas gean mo chroí go fiochmhar
> Don rud tá srianta,
> Do gach macrud:

> Don smacht, don reacht, don teampall daoineach,
> Don bhfocal bocht coitianta,
> Don am fé leith:

> Don ab, don chlog, don seirbhíseach,
> Don chomparáid fhaitíosach,
> Don bheaguchtach:

> Don luch, don tomhas, don dreancaid bhídeach,
> Don chaibidil, don líne,
> Don aibítir:

> Don mhórgacht imeachta is tíochta,
> Don chearrbhachas istoíche,
> Don bheannachtain:

> Don bhfeirmeoir ag tomhas na gaoithe
> Sa bhfómhar is é ag cuimhneamh
> Ar pháirc eornan: (104–105)

Ceacht fuar folamh foirmeálta is ea 'Daoirse' *Brosna* i gcomórtas leis. Brí eile atá anois le géilleadh 'Don smacht, don reacht, don teampall

17

daoineach / Don bhfocal bocht coitianta'. Ní hamhlaidh a shantaíonn sé bheith dá réir ach gur mar sin is fusa é. Áis ar fad is ea é. Ná dein acht is ná bris acht, ach bí umhal dó, is cuma cad é an sórt é. Ní smacht é muna mbeidh tú ag raideadh ina choinne. Ní luífidh an bhróg ort má oireann. Ní gramadach go teanga iasachta, abair; más í do theanga dhúchais féin í ní gá dhuit aon tsuim a chur sna rialacha a ghabhann léi: beidh siad agat gan buíochas duit agus gan de rogha agat ach iad a chomhlíonadh. Mar a chéile do nós imeachta pobail nó tíre. Labhair mar a labharfar leat agus beidh seasamh sa chomhluadar agat. Bí i d'fhear mar chách, mar ba mhaith le daoine tú a bheith. Lig leo agus ligfear leat.

Bhí a leithéid cheana sa phrós aige, san áit gur chóir dó é a fhágaint, agus b'fhéidir a rá gur fhág chomh maith. Ní ag moladh leis an saghas so 'saoirse' a bhí sé ansan, áfach, agus is beag an baol go mbeadh glacadh aige léi, ach oiread agus a fhéadfadh sé cur suas leis an 'saoirse' a bhí geallta aige dó féin ó chianaibh. Fén teideal 'Éitheach Poiblí' a breacadh an méid seo:

> Is fuath liom iad, adeir tusa. Cé hiad 'iad'? Na comharsain, an domhan mór, gach aoinne ach tú féin. Sin iad 'iad'. Cá bhfuil siad anois? Ag cur le chéile id choinnibh le fuath dhuit. Cé an chúis atá acu ort? Ná glacann tú leis an ngnáth-thuairim dhaonna - leis an éitheach poiblí. Daoine simplí iad, an ea? Sea, ar shlí, ach má thagann tú trasna orthu i gceart, bíd gan trócaire, fuilteach, brúidiúil. Má théann tú ar an ndeoch, tá sé ceart go leor má dheineann tú é fé mar a deintear de ghnáth é. Má thagann fearg ort, tagadh sí ort mar a bhítear ag súil le fearg a theacht ar dhuine. Má bhuaileann tú do bhean dein de réir an ghnáis é. Ach má dheineann tú aon ní ceart nó mícheart fé mar ná deintear é, bí ag faire amach an uair sin. Táthar ar do thí. *(Comhar*, Bealtaine 1967, 12)

Rannaireacht chliste, chliniciúil gan éifeacht í seo. Chuirfeadh meadhrán id cheann gan baint leis an gcroí. Ní ag labhairt le fear ná bean atá sé, ach de réir na teoirice amháin. D'oirfeadh *'quod erat demonstrandum'* a chur ina dheireadh.

> Dá labhródh bean leat íseal
> Ná hísleofá do ghuth?
> Dá mbeadh an bhean réasúnta
> Ná réasúnfaí tú?
> Ach gheobhair san ísleacht uaisleacht
> Mar uaisleofar do ghuth,
> Is tabharfar sa réasúntacht
> Míréasúnú duit:
> Dá mhéid a ghéillfir uaitse
> Is ea is lú éileofar ort,

Ná tabhair don daoirse diúltamh
Is tabharfar saoirse duit,
Mar domhan is ea an tsaoirse,
Is tír gach daoirse inti,
Is níl laistigh d'aon daoirse
Ach saoirse ón daoirse sin. (141)

Is ag cúngú ar raon na filíochta aige atá ó aimsir *Eireaball Spideoige* amach. Ní bheidh aon oidhre ar 'Cnoc Mellerí' ná ar 'Oilithreacht fám Anam' ná ar 'Oileán agus Oileán Eile'. Níl sé chomh huaillmhianach agus a bhíodh, ná ní bhraitheann tú an faobhar céanna chun an tsaoil air. Cuimhnigh (agus cuimhníonn sé féin, leis, ní foláir liom) gur leath sé a bhrat cheana go fada fairsing mar nár féadadh a chumhdach. Is fada arís go scaoilfidh sé fé dhán a thabharfaidh iarracht ar an mbrí atá leis an saol go léir a thabhairt leis; ní éireoidh de dhroim na talún mar seo feasta, agus cé déarfadh ná go raibh an teanga fé dhó an uair sin?

I bhfírinne na haigne
Tá oileán séin,
Is tusa tá ar marthain ann
Is triall fád dhéin,
Ná bíodh ort aon chritheagla
Id láthair féin,
Cé go loiscfidh sé id bheatha tú,
Do thusa féin,
Mar níl ionat ach eascaine
A dúirt an saol,
Níl ionat ach cabaireacht
Ó bhéal go béal:
Cé gur cumadh tú id phaidir gheal
Ar bhéal Mhic Dé
Do scoiltis-se do thusa ceart
Le dúil sa tsaol,
Ach is paidir fós an tusa sin
Ar oileán séin,
A fhan go ciúin ag cogarnach
Ar bheolaibh Dé
Nuair a rincis-se go macnasach
Ar ghob an tsaoil. ('Oileán agus Oileán Eile', 86–8)

Ceann de na dánta a bhí in *Eireaball Spideoige* gur mhar a chéile ag Máire Mhac an tSaoi 'bheith ag fáscadh ghainimhe fét' fhiacla' agus bheith á léamh ab ea 'Ní Raibh Sí Dílis'. Tuairim dá malairt a bhí ag an Ríordánach, roimhe sin ar aon chuma: 'Ní thagann filíocht – fíorfhilíocht – ach sa bhfómhar. Sa bhfómhar a scríobhas "Ní Raibh Sí Dílis" agus bhí filíocht ann.' (Dialann, 8 Meán Fómhair, 1950) Ach tagann an t-am gur cuma cé hí féin agus gur cuma í bheith dílis nó gan a bheith. Bean í seo go mbíodh éileamh aige uirthi tamall, agus gan fanta anois den ngrá ach an bhinb. 'Bás Beo' as *Línte Liombó* :

> Fuair sí bás ó anuraidh,
> inléite ar a cló,
> ní bean na bhfear í a thuilleadh
> ach rud fuar gur ghéill sí dhó,
> í féin an uaigh ina bhfuil sí curtha,
> faraoir, beo. (173)

Ach ní cás aon duine amháin é, mar braitheann tú an fuaradh agus an reo ar an dá thaobh. Fáisceann agus faighreann na seantéamaí aige go dtí nach féidir iad a thabhairt níos sia. Oícheanta agus stoirmeacha *Eireaball Spideoige*, 'An Doircheacht', 'An Stoirm' agus 'Oíche Nollaig na mBan', tugtha chun foirfeachta agus chun críche i 'Claustrophobia' *Brosna*.

> In aice an fhíona
> Tá coinneal is sceon,
> Tá dealbh mo Thiarna
> D'réir dealraimh gan chomhacht, (127)

Ba dheacair dul thar chuntas Sheáin Uí Thuama ar na línte tosaigh sin 'Claustrophobia':

> An radharcra a chuirtear os ár gcomhair sa chéad cheithre líne – dealbh, fíon, coinneal, dorchadas – thuigfí é in aon tír ar domhan, nó in aon ré aimsire. Tá sceirdiúlacht altórach, ar a mbeadh íobairt le hofráil, ag roinnt leis an suíomh – agus tá amhras, is léir, ar an bhfile gurb é féin atá le híobairt. (*Filí Faoi Sceimhle*, 22)

Ar na dánta eile in *Brosna* nár mhiste a áireamh ina measc súd gur éirigh leis breith ar ábhar cóir agus cuibhreach daingean focal agus foirme a chur orthu bhí 'Rian na gCos', 'An Feairín', 'Guí', 'Reo', 'Na Leamhain' (ábhar éalaitheach éiginnte), 'In Absentia', 'Fiabhras'. 'An Lacha', 'An Gealt', 'Bagairt na Marbh', agus 'Fill Arís' a luadh cheana. Níor mhór ar fad iad i dteannta a chéile agus cúpla ceann eile a chur leo. Agus más iad buaic féin iad, braitheann tú an bonn ró-chaol ró-bhriosc fúthu agus go gcaithfidh tabhairt uaidh gan mhoill, mar a thug go luath, dar liom. Ach sin é mar is luachmhaire iad, b'fhéidir, gurb annamh dánta chomh dea-eagair dea-mhianaigh leo a bhualadh umainn. Tóg 'An Gealt', abair:

Tá ag géarú ar a fuadar ó iarnóin,
Is go bpléascfaidh sí a haigne géaróidh,
Tá an seomra ina timpeall ag géarú maille léi,
Agus na freagraí atá faighte aici, táid géaraithe dá réir,
Ach cuirfear í go teach na ngealt le hamhscarnach an lae,
Chun go maolófaí an seomra is na freagraí is í féin. (146)

Braitheann tú rithimí na buile ag imeacht ar fuaid an tseomra agus á líonadh, cheal slí éalaithe a bheith acu, nó go mbíonn sé i riocht pléascadh. 'Ag géarú', 'fuadar', 'go bpléascfaidh', 'géaróidh', 'ag géarú', 'géaraithe' ag tóraíocht a chéile mórthimpeall an tí sa cheithre líne tosaigh. Tá an té atá ag cur faobhair ar fhocail agus ar nithe le fuinneamh na haicíde aici agus an té atá iata suas istigh léi gur baolach dó an aicíd agus a leanann é a ghlacadh seilbhe air féin. Ansan braitheann tú an teannas buile á scaoileadh isteach sa dá líne fhada dheiridh gan bhriseadh, mar a bhfuil dóthain slí aige, an seomra agus an aigne ag maolú agus ag dul chun suaimhnis de réir mar a ligtear an ghealt agus an ghealtacht chun siúil. Pé ní a tharlóidh ar maidin go moch tá fuascailt faighte laistigh den dán cheana.

I dtreo deireadh a shaoil, idir *Brosna* agus *Línte Liombó* a theacht amach, scríobhann

Chuireamair aithne ar scata fear lenár linn atá anois san uaigh. Ach maireann siad ina gcuid focal. Rugadar ar fhocail fé mar ba chlocha iad agus chaitheadar leis an gcinniúint iad. Is mó a mhaireann na mairbh sa mhéid dá gcuid focal atá fanta im chuimhne ná sa chuimhne atá agam ar a bpearsain. Fir agus mná na doirne beaga focal úd atá fanta inár gcuimhne. Cad is fear nó bean, tar éis an tsaoil, ach iarracht a deineadh ar an gcinniúint a throid? (Dialann, 29 Eanáir 1969)

B'fhéidir a rá go mb'fhéidir gurbh in é an rud ba mhó a bhain leis: gur lig sé dúinn aithne a chur ar phearsain ar chuma nár dhein aon duine riamh roimhe ná ina dhiaidh sa Ghaeilge, mar dhein litríocht de na clocha so aige má ba urchaill iomraill féin cuid acu. Ach braitheann tú é féin agus an chinniúint ag ídiú a chéile, ag caitheamh a chéile amach de réir a chéile. Is mó a glactar le haois agus le haimsir leis an rud atá i ndán; ní thaibhsíonn an tubaist a bheith chomh tubaisteach níos mó. Ní hiad sluaite na hoíche amuigh sa chlós a thuilleadh iad; táid tagtha i láthair agus tá glactha go muinteartha leo. Ní fiú bheith ag fógairt 'poblacht solais' feasta; tá aimsir an dúshláin is na troda thart. Tréigeann dath is déanamh de réir mar a sloigtear isteach sa doircheacht iad: nithe agus duine agus an saol ab aithnid dó imithe ar lár; leisce air iad a mhúscailt arís. Ligeann dóibh sleamhnú uaidh:

> Do thit an oíche diaidh ar ndiaidh
> Go dtí gur mhúch an uile rud,
> Do dhein comhdhubh de dhubh is geal,
> Do chaill cathaoireacha a gcruth,
> Do chuaigh an seomra ar ceal,
> Do shloig an dubh an uile chruth:
> I mbroinn na doircheachta tá domhan,
> Is féidir liom é bhrath lem láimh,
> Níl fanta ach a chuimhne agam,
> Is leisc lem chuimhne é a athchruthú. ('Solas', 172)

Sa bhfilíocht dhéanach aige is tábhachtaí leis na clónna ná na daoine go mbíodh cónaí orthu iontu tamall, daoine atá adhlactha ina aigne mar atá sa dán 'Gailearaí', daoine atá ar tí dul as aithne air. Glaonn sé thar n-ais orthu, ní le cion mór orthu

> Ach ba mhaith leat iad a theasargan
> Sula gcruadh an plaosc ar fad orthu,
> Is ná beadh fanta id ghailearaí
> Ach frámaí caoch' do-aitheanta. (148)

Frámaí ar fad atá i *Línte Liombó*, geall leis; ní fiú an pictiúir áirithe a bhac níos mó agus is ar éigean a aithneodh an té a bhí ann tráth dá bhfeicfeadh. Sa dán 'Súile Donna' níl fanta beo den mbean ach na súile 'i bplaosc a mic'; cuirtear mar cheist, dá mba cheist í:

> Ab shin a bhfuil de shíoraíocht ann,
> Go maireann smut dár mblas,
> Trí bhaineannú is fireannú,
> Ón máthair go dtí an mac? (158)

Is gearr gur cló díobh é féin. Ionann san is a rá ná raibh sé riamh ann le ceart ach go mbeidh sé go deo ann ar a shonsan. Gan de 'phaidir' anois aige puinn ach paidir an bhacaigh a bheith déanta aige de phaidir an dáin gur thrácht sé fadó air sa Réamhrá le *Eireaball Spideoige*. Buillí traochta déanacha an tSathairn á bhualadh arís is arís eile aige ar an dtéama céanna; déarfá gur cuma anois nach mór ann nó as é. A leithéid seo as 'Toil' *Línte Liombó*:

> An rabhas-sa le brath
> Inar gineadh dem shinsear?
> An rabhas-sa im rud
> Sular gineadh i mbroinn mé?

> An rabhas-sa im ní riamh
> Gan tús liom ná deireadh?
> An mairfead-sa choíche
> Ag malartú seithe?
>
> [. . .]
>
> Níl ionam ach ball
> De chorp san mo shinsir,
> Is mairfidh an corp
> Nuair a bheidh an ball cloíte.
>
> Níl ionam ach gníomh
> A thoiligh Toil Sheanda,
> Is gníomhóidh sí léi
> Nuair a bheadsa ar thaobh teampaill. (166–7)

Is den sliocht céanna 'Clónna Über Alles' a chríochnaigh sé Lá 'le Bríde 1977, trí seachtaine sarar cailleadh é; thug do Sheán Ó Mórdha é le cur i gcló i *Scríobh 3*. Ach ní raibh sé gan speach áirithe a bheith ann sna blianta deireanacha so. Tá ceol fós á bhaint as an dteanga aige i ndánta mar 'Joyce' agus 'Banfhile'. Fíodóireacht focal, spraoi cainte, ar fad is ea 'Joyce', ag aithris ar an té ónar ainmníodh an dán; ba dhóigh leat gur mó atá sé ar a shuaimhneas leis ná mar a bhí sé riamh le Corkery is lena shoiscéal nár chreid sé riamh i gceart ann cé gur ghéill sé dó tamall:

> Ag triopallacht a fhriotalú táim treascartha,
> An fhoirmiúlacht laideanta,
> Ní mé mé le linn dom machnamh air,
> Ach é siúd – tá lagú ann.
>
> Do chomhraiceas le focail i bhfarradh leis,
> Tá sé 'om thionlacan – an t-aingealdeamhan:
> Scigshagart é ag rá scigaifrinn,
> In éide scigaifrinn ifrinn. (187)

Ag cleithireacht mhagaidh atá sé i 'Banfhile', cé nach mar sin a tuigtear i gcónaí é. D'aithris sé os ard é i láthair Dhámhscoil Mhúscraí na bliana 1971. Tuigfí go maith don lucht éisteachta gur banfhile áirithe atá sa treis agus go bhfuil sé fuar aici bheith ag iarraidh ceann cuinge a choimeád leis féin, mar dhea. Ach ní le seanbhlas a deir, maran le cion ar fad fós é; sult á baint as an dteanga arís aige thar aon rud eile agus é in ard-ghiúmar, rud ab annamh leis:

Is ait liom bean a bheith ina file,
Tuigtear dom gur gairm staile,
Cúram fireann, dúthracht raide,
Is ea filíocht a bhaint as teanga:

Le fórsa fireann, éigean buile,
Tugtar slán an ghin chun beatha;
Is mó ná ait liom file baineann,
As an mnaoi a baintear leanbh

[. . .]

Ní file ach filíocht an bhean.
Má théann na béithe le filíocht
Is gearr go nginfidh siad leanaí
Gan cabhair ón bhfireannach ina mbroinn,

Is ní file ach neamhní an fear. (205)

Is an-dheacair dúinn anois dul siar ar an iontas a lean filíocht an Ríordánaigh a theacht amach agus go háirithe *Eireaball Spideoige*. Míorúilt ab ea é sa tsaol a bhí ann an uair sin. B'fhéidir gurb iad na léirmheasanna is fearr a thugann léiriú dúinn ar an scéal. Muna mbeadh aon mhaith eile iontu, agus is beag é go deimhin, taispeánann siad a laghad a tuigeadh cad chuige go raibh sé. Ní chun sean-aighneas nó seanfhalaí a mhúscailt a cuirtear síos anso iad ach chun an nuaíocht agus an easpa tuisceana san a thabhairt chun cuimhne. Glacaimid anois leis gan an dara ceist a chur orainn féin; is é an traidisiún é go gcaithfidh an chéad duine eile bheith aireach air. Táimid ar fad 'Ríordánaithe' i gan fhios dúinn sa tslí ná haithnímid ár guid féin seachas a chuid siúd. (Dála an scéil, bhí údarás cianársa aige le briathar a dhéanamh dá ainm féin, mar go raibh a leithéid déanta míle bliain roimhe sin ag údar an scéil *Loinges mac nUislenn* mar a bhfaightear foirm bhriathartha 'derdrethar' ag freagairt don ainm 'Deirdriu'.) Dar linn go minic gur linn féin ciúta cainte nó machnaimh nó go bhfeicimid cheana aige siúd iad. Bhain sé geit as an teanga fé mar nár bhain aon duine eile le fada riamh. An nath san féin – geit a bhaint as teanga – is leis siúd é. Máirtín Ó Direáin féin, dá fheabhas é, ní théann sé i bhfiontar a anama ar chuma an Ríordánaigh, ná ní bhraithimid an dánaíocht, an déine, an paisean ná an dearg-riachtanas céanna ina shaothar. Mhaígh sé uair amháin, ag tagairt do roinnt cairde leis:

Lucht ollscoile iad san. Maidir liomsa níl ionam ach bodach. Ach BÍM I LÁTHAIR agus ní dóigh liom go mbeidh aoinne acu san i láthair go bráth, bráth, bráth na breithe. (Dialann, 8 Aibreán 1949)

D'fhág é bheith i láthair an uair sin i láthair i gcónaí é.

– Seán Ó Coileáin

EIREABALL SPIDEOIGE

RÉAMHRÁ

Cad is filíocht ann? Aigne linbh? Samhlaigh beirt i seomra, leanbh agus a athair, agus capall ag gabháil na sráide lasmuigh. Féachann an t-athair amach agus adeir: 'Sin capall Mháire ag dul thar bráid.' Sin insint. De réir dealraimh cailleann an t-athair an capall toisc go bhfanann sé lasmuigh dhe. Abair gur galar capall. Ní thógann an t-athair an galar sin. Ní shaibhríonn an capall beatha an athar. Ach an leanbh – airíonn sé fuaim an chapaill. Blaiseann sé fuaim an chapaill ar son na fuaime féin. Agus éisteann leis an bhfuaim ag dul i laghad agus i laghad agus ag titim siar isteach sa tost. Agus is ionadh leis an fhuaim agus is ionadh leis an tost. Agus breithníonn sé cosa deiridh an chapaill agus déanann ionadh dá n-údarásacht agus dá seandacht. Agus líontar an saol de chapall-alltacht agus de shodardhraíocht. Sin bheith – bheith fé ghné eile. Agus sin, dar liom, filíocht. Maireann an leanbh fé ghné chapaill. Abair gur múnla anam linbh. Caithfidh dul nó dúchas an mhúnla a bheith ar gach rud a thiocfaidh as. *Et protulit terra herbam virentem, et facientem semen juxta genus suum* . . . Tá an t-anam nó an múnla sin le fáil i gcapall agus i dteanga agus i ngach rud eile. Seo an rud a dúirt Raissa Maritain ina thaobh:

> Nach doimhin é an réigiún íochtarach ina maireann dúchas na hurlabhra! Conas a fhoghlaimíonn leanbh teanga iasachta? Ón dtaithí atá agam féin air, creidim nach amháin ó bheith ag cur blúirí áirithe eolais le chéile é, agus nach ceist foclóra ná cuimhne ar fad é . . . gur cosúla go bhfaigheann an aigne eolas ar shainfhoirm – foirm ina bhfuil ailtireacht uile teanga le fáil mar atá ailtireacht chrann daire le fáil sa dearcán.

Agus seo mar a dúirt Stiofán mac Enna é: '. . . an ní eile úd atá ann dáiríre is atá an-éifeachtúil cé gur deacair é mhíniú, sé sin meanma na teanga' (*Mo Chara Stiofán*, Liam Ó Rinn, lch 85). Ba mhaith liom paidir a thabhairt ar an rud dúchasach, an sainrud, a thagann as an múnla.

Nuair a deirim go maireann an leanbh fé ghné an chapaill is iad seo a leanas na nithe atá i gceist agam, measaim. Bíonn báidh chomh diamhair sin ag an leanbh le sodar agus le seitreach agus le moing agus le gach rud eile a bhaineann go háirithe le capall go slogtar é, mar a slogadh Turnbull, isteach in atmasféar an chapaill (féach thíos an dán *Malairt*). Téann an leanbh anonn go dtí an capall. Ach is leanbh a théann anonn agus ní capall. Déanann an leanbh iarracht, ámh, ar bheith ina chapall, ar phaidir an chapaill a rá, le méid a uaignis. Bíonn uaigneas ar an leanbh toisc ná raibh sé riamh ina chapall, mar a bhíonn orainn go léir nuair a machnaímid le báidh ar threo nár ghabhamar – *cf.* an dán *Burnt Norton* le Eliot:

> Footfalls echo in the memory,
> Down the passage which we did not take,
> Towards the door we never opened
> Into the rose-garden.

Seo an leanbh ag leaschaitheamh na capall-laethanta nár chaith sé riamh. Ach conas atá anois ag na múnlaí? Conas atá ag na paidreacha? Seo iarracht linbh, paidir linbh. Ní féidir gan dul múnla an linbh a bheith ar an iarracht seo. Ach cár ghaibh paidir an chapaill? Nár dhein an leanbh iarracht ar an bpaidir sin a rá? Nár tomadh an leanbh sa chapall? Nár mhair an leanbh fé ghné an chapaill? Ní dócha gur thréig an leanbh a mhúnla féin. Ní bheadh sin ar a chumas. Ach níor ghaibh sé chomh saor ón gcapall agus a ghaibh a athair – duine nár bhlais. Dá gcumfadh an leanbh dán in am seo a bháidhe agus a uaignis an mbeadh paidir an chapaill le fáil sa dán chomh maith le paidir an linbh féin? Measaim go mbeadh dá n-éireodh leis an leanbh dán ionraic a chumadh (bheadh an tríú paidir le fáil ann leis .i. paidir an dáin féin, mar tá paidir i ngach rud dar liom, rud a mhíneod ar ball). Agus ní tagairt don chapall a bheith sa dán atá i gceist agam, ná insint fé. B'fhéidir ná luafaí capall ann in aon chor ach go mbraithfí meanma capaill a bheith ann fé mar a bhraithfí meanma linbh agus meanma na filíochta ann mar ní insint dán ach bheith. Ach cár ghaibh paidir an chapaill? Ní dóigh liom gur leor de mhíniú air a rá go scaoiltear paidir an chapaill isteach i múnla an linbh mar a scaoilfí umha.

Cá bhfios do dhuine ar scríobh sé líne filíochta riamh? Cá bhfios dó cad is filíocht ann? Más aon chomhartha orthu an fuath a bheirim dóibh ar uairibh níl filíocht ar bith im líntese. Ach is minic a bhraitheas gnó neamhchoitianta a bheith idir lámha agam agus mé á gcumadh; gnó seachas scríbhneoireacht nó ceapadóireacht, gnó a bhí níos cóngaraí do ghlanadh. Measaim go rabhas i riocht duine a bheadh ag glanadh meirge nó clúimh léith d'íomhá agus ag lorg agus ag athnuachaint na bundeilbhe – ag lorg grinnealldromchla. Má chuirtear an glanadh seo, an tóch seo, i gcomórtas le casachtach le linn slaghdáin, is féidir an bhundealbh a shamhlú le scamhóg. Nó is féidir an gnó a shamhlú le dall ag léamh Braille. Is aithnid dúinn go léir an dromchla, an fhoirm seo a scagadh ó gach foirm eile; ní fios conas is aithnid; agus is eol dúinn é a bheith seanda, bunúsach, údarásach, buan, álainn agus ní féidir teagmháil leis gan geit áthais (gan amhras is cur síos idéalta é seo ar an ngnó bacach neamhionraic a bhíodh ar siúl agamsa).

Cad é an bhundealbh áthasach seo? An é ár n-anam, ár meanma, ár sainfhoirm, ár múnla é? Nó an é múnla an ruda ar a ndéanaimid báidhmhachnamh é? Bheirim fé ndeara gur fusa dán a chumadh ar tharlachtaint áirithe ná ar abhar ginearálta. Is fusa, cuir i gcás, dán a chumadh ar bhás áirithe ná ar an mbás go coiteann. Is luaithe a thagann an gheit. Agus ní saolaítear dán gan beo-gheit. Measaim go ngineann cuimilt geit – cuimilt idir an chuid is ingheite dínne agus an chuid is ingheite de rud eile. Ach conas a gheiteann bás sinn níos túisce ná an Bás?

Ní mór dom paidir fé mar a thuigim í a mhíniú ar dtúis. Measaim gur féidir le gach duine, gach rud, gach scuaine, gach conairt, gach muintir paidir a ghiniúint toisc go bhfuil anam nó múnla iontu. Ní foláir anam a bheith iontu mar sin é an smaoineamh dar de iad. Leagan dár bpaidir is ea an corp cré atá umainn. Ní beoleagan é ach leagan lochtach, leagan atá faon, trom, truaillithe, neamhdhírithe – rud nár brostaíodh leis an sprid, rud ná fuil ar crith de shíor le beo-gheit na spride. Ach beidh corp eile umainn tar éis Lá an Bhreithiúnais, corp a bheidh de shíor fé gheit. Sin é an corp a bhí ar Chríost tar éis an Aiséirí. Agus sin é an corp a bhí i gceist ag Naomh Agaistín i gcaibidil XX, XXII, XXIII, den XIIIú leabhar den *De Civitate Dei*.

Is é an corp seo a bheidh umainn tar éis an aiséirí (.i. má slánaítear sinn) ár bpaidir foirfe .i. ráiteas deiridh ár n-anma. Rud álainn é. Ní mór dó bheith álainn, mar is sainrud é. Is é féin caighdeán a áilleachta féin. Agus níl sa chorp cré atá umainn ar an saol seo i gcomórtas leis ach pleist, Caliban. Ach is féidir linn paidir níos glaine ná an corp cré a rá agus sinn ar an saol seo. Is féidir linn sinn féin d'ardú mar thúis i láthair Dé trí mhaireachtaint i ngníomh oiriúnach. Is é an gníomh seo ár bpaidir sa chiall is glaine agus sinn ar an saol seo, agus ní bheadh aon ionadh orm dá mba réamhinsint (nó réamh-mhaireachtaint, ba chruinne a rá) é ar an gcorp a bheidh umainn sa tsíoraíocht. Dhá rud iad ar a mbeidh an séala céanna – séala ár múnla – agus beid araon fé gheit. Seo mar a labhrann Hopkins i dtaobh an ghnímh seo:

> As kingfishers catch fire, dragonflies draw flame:
> As tumbled over rim in roundy wells
> Stones ring; like each tucked string tells each hung bell's
> Bow swing finds tongue to fling out broad its name;
> Each mortal thing does one thing and the same:
> Deals out that being indoors each one dwells:
> Selves – goes itself; myself it speaks and spells:
> Crying, what I do is me: for that I came.

I say more: the just man justices;
Keeps grace: that keeps all his goings graces:
Acts in God's eye what in God's eye he is –
Christ – for Christ plays in ten thousand places,
Lovely in limbs, and lovely in eyes not his
To the Father through the features of men's faces.

Ach is ar scáth a chéile a mhaireann na daoine agus na paidreacha. De réir dealraimh, ní féidir le duine paidir a ghiniúint gan machnamh ar rud nach é féin – ar threo nár ghaibh sé, mar a dhein an leanbh. Más mian le duine é féin d'ardú mar thúis i láthair Dé, is thar lear a gheobhaidh sé an túis – thar lear i nduine nó i rud eile. Ní mór dó foirm éigin seachas a mhúnla féin a chreidiúint agus umhlú di. Ní mór dó snoíodóireacht sheachtrach na fírinne d'aithint agus ómós a thabhairt di. Mar níl aon bhlas ag duine ar a bhlas féin. Agus ní féidir le duine cuimilt leis féin agus é féin a gheiteadh. Is amhlaidh a gheiteann sé rud eile (rud teibí go minic, mar ghréasaíocht nó ailtireacht nó banaltracht). Geiteann siad a chéile. Ní hamháin go ndúisítear a phaidir féin ach dúisítear paidir an ruda eile chomh maith. Éiríonn an duine agus an rud gníomhach agus comhghníomhaíonn siad nó comhphaidríonn siad. Tarlaíonn cuimilt idir an chuid is ingheite díobh araon .i. idir an dá ghníomh, an dá phaidir. Ansin tagann an gheit agus as an ngeit a ghintear an rud nua mar dhán nó eaglais nó bróg nó fuaim ag a mbíonn a mhúnla agus a phaidir féin. Ach sa ghin nua seo beidh paidreacha a sinsir le fáil chomh maith lena paidir féin. Beidh paidir an ailtire agus paidir na hailtireachta agus paidir na heaglaise le fáil san eaglais. Is intuigthe as seo go bhfuil múnla agus paidir agus faonleagan ag rudaí teibí chomh maith le rudaí neamhtheibí. Agus creidim gurb amhlaidh atá. Agus creidim gurb é faonleagan na hailtireachta an ailtireacht neamhghníomhach.

Tá aithne agam ar bhanaltra. Abair gurb í an bhanaltracht a gníomh ionraic, nó ceann acu. Do bhuaileas léi lá agus gan inti ach bean den choitiantacht – gnáthbhean, neamhdhírithe ar a paidir. Do tharla go mb'éigean di gnó a bhain lena ceird a dhéanamh. Do dhein banaltra di láithreach. Do foilsíodh dom paidir choiteann na banaltrachta – corp nó riocht iarmbreithiúnais na banaltrachta. Do chonac an bhanaltracht i bhfoirm gnímh. Bhí an bhanaltracht ag paidreoireacht tríthi agus bhí sí siúd ag paidreoireacht tríd an mbanaltracht chomh maith. An bhean fé ghné na banaltrachta, b'shin paidir na mná. An bhanaltracht fé ghné na mná, b'shin paidir na banaltrachta. Agus eatarthu araon do ghineadar rud nua (.i. an píosa banaltrachta a deineadh an lá sin) ag a raibh a phaidir féin. Ach is ball den bhantracht an bhean seo chomh maith. Dá bhrí sin, ní foláir nó is minic a bhíonn an bhantracht ag paidreoireacht tríthi. Agus is Críostaí í. Agus is rinceoir í. Ar an gcuma seo, is mó rud ina mbíonn duine ag paidreoireacht agus is mó rud a bhíonn ag paidreoireacht i nduine ionas gur cóir teampall a thabhairt ar dhuine agus ar rud.

Nuair a thiteann duine i mbreoiteacht nó i naofacht nó i bhfeirg, tagann an rud ina dtiteann sé ag paidreoireacht ina theampall agus cloistear ann an phian nó an salm, nó an racht is oiriúnach dá staid. De réir dealraimh is ionann an caidreamh idirphaidre seo agus an bheatha féin nó an grá. Agus bíonn sé ar siúl de shíor mar fásann sé as an mian agus as an uaigneas atá ionainn go léir, idir dhaoine agus ainmhithe agus coillte agus oráistí agus ealaíona agus gach rud teibí agus neamhtheibí san mbith, ionas go dtéimid uile ag cuairteoireacht i dteampaill a chéile. Measaim go mbeidh glaine an rud teibí agus téagar an rud neamhtheibí sa chorp iarmbreithiúnais agus gurb í an ghlaine a shantaíonn an rud neamhtheibí agus gurb é an téagar a shantaíonn an rud teibí nuair a théann siad ag cuairteoireacht chun a chéile. Agus measaim go raghaidh na capaill agus na coillte, na teangacha agus na farraigí isteach sa tsíoraíocht inár dteannta, agus iad *sub specie aeternitatis* .i. i bhfoirm gnímh shuthain .i. i bhfoirm paidre. Measaim go mbeidh téagar ag an bpaidir seo chomh maith le foirm agus gurb ionann é agus an corp iarmbreithiúnais ar a dtráchtann Naomh Agaistín. Ós rud é go measaim go raghaidh rudaí teibí isteach sa tsíoraíocht linn, ní mór dom corp síoraí agus ionad sa tsíoraíocht a thabhairt do rudaí mar ghalair. Beidh galair ann agus coirp iarmbreithiúnais umpu mar chách, ach ní dhéanfaid díobháil do neach mar beidh deireadh leis an gcuairteoireacht idirphaidre seo um an dtaca sin. Beidh deireadh le paidreoireacht. Beidh deireadh ráite. Beidh deireadh múnlaithe. Mar beidh foirm iomlán na fírinne os ár gcomhair. Ach go dtí sin beimid ag paidreoireacht, go dtí, mar atá ráite i Leabhar Genesis, go dtiocfaidh mian na gcnoc síoraí:

> *Deus patris tui erit adjutor tuus et Omnipotens benedicet tibi benedictionibus caeli desuper, benedictionibus abyssi jacentis deorsum, benedictionibus uberum et vulvae. Benedictiones patris tui confortatae sunt benedictionibus patrum eius, donec veniret desiderium collium aeternorum.*

Uaireanta táthaítear múnlaí le chéile agus gintear ilphaidir astu, ionas go mbíonn paidir choiteann ag ilrudaí. Measaim go mbíonn paidir ag sluaite. Nuair a bhíonn slua ag maireachtaint le chéile ar feadh tamaill, tagann siad ar an saol athuair. Tagann rud nua, aontacht nua ar an saol fé chuing an ghrá, mar náisiún nó paróiste. Ansin teilgeann an aontacht nua seo a paidir i dtreo Dé.

Uaireanta scoiltear múnla mar a scoiltear adamh teanga, nuair a dhéantar canúintí di. Cloistear tríd an teanga paidir nó paidreacha níos déine, níos ionraice, níos gaolmhaire ná paidir na bunteanga. Scarann an chuid den bhunteanga atá gaolmhar don phaidir nua le béasa na bunteanga agus imíonn sí léi ag paidreoireacht mar chanúint, mar tá sí fé chuing aontachta nua grá atá tagtha ar an saol. Sa tslí seo, bheireann na canúintí ceacht dúinn go léir i gcúrsaí ionracais mar diúltaíonn siad maireachtaint in atmasféar neamhdhlúite na bunteanga agus cloíonn siad leis an atmasféar is dúchasaí agus is dlúithe agus is ionraice.

Ach an té a dhamnaítear cad a tharla dó? Measaim gur shéan sé an fhírinne: gur dhiúltaigh umhlú d'fhoirmeacha na fírinne agus gur lean air ag síorchruthú a chuid bréagfhoirmeacha féin mar frith-Chruthaitheoir ionas gur fhan sé istigh ann féin de shíor mar a bheadh broc. Tá an abairt seo le fáil sa tseanmóir dar teideal *Ar an bPeaca Marfach* i *Seanmóirí Muighe Nuadhat:* 'Is áil leo (na peacaigh) de ghnáth an ní ná tiocfaidh go brách, agus ní háil leo ar chor ar bith an ní bhíos ann de shíor.' Níor ghaibh an duine sin riamh ag cuairteoireacht i measc na dteampall:

> Béasa an bhroic bheith ag tochailt faoi
> I ndorchadas oíche is lae:
> Ar ar cruthaíodh ó neamh go lár
> I gcionn cháich cha dtig sé.
>
> (Séamus Mac Cuarta)

Sa deireadh do chruthaigh sé corp iarmbreithiúnais seachas an corp a chuir Dia in áirithe dhó. Lá an Bhreithiúnais beidh sé i riocht duine go mbeadh ticéad chun dinnéir aige, agus ainm duine eile scríofa ar an dticéad. Ní ligfear isteach é mar ní dó a tugadh an cuireadh. Is amhlaidh a chruthaigh sé eachtrannach, duine lasmuigh de chinniúint Dé – duine ná fuair cuireadh. Nó is féidir a rá nár chruthaigh sé nó nár mhúnlaigh sé rud ar bith agus go raghaidh sé isteach sa tsíoraíocht agus a mhúnla inchollaithe i mbréig nó i speabhraoid nó in eascaine mar aon agus go gcaithfidh sé an cur-i-gcéill seo d'fhulang ar feadh na síoraíochta. Níl ann anois ach bréag agus cuirfear go hIfreann é – áit ná fuil aon tsampla de shnoíodóireacht na fírinne le fáil – áit a chruthaigh sé féin agus daoine mar é as a samhlaíocht easumhal féin – áit bhréagach. Do dheineas iarracht ar an aigne dhamanta seo a léiriú sa phíosa thíos dar teideal *Saoirse*. Agus ní mór dom a admháil gur bhraitheas an tsaoirse dhamanta theibí seo ag bagairt orm agus an réamhrá seo á scríobh agam.

Ní mór dom achoimriú a dhéanamh ar na téarmaí atá á n-úsáid agam go nuige seo. Bheirim múnla ar an anam. Bheirim paidir ar an ngníomh a thagann as an múnla. Bheirim teampall ar an gcorp faon nó an staid faon,

34

e.g. i gcás duine, a chorp cré agus i gcás na hailtireachta ollmhaitheas uile na hailtireachta, ach gan í a bheith fé gheit.

Is mithid na ceisteanna a chuireas ó chianaibh a fhreagairt. Cad é an bhundealbh áthasach úd, an dromchla úd ar a rabhas ag labhairt? Is é paidir chruaidh ghlan dhealfa an ruda ar a ndéanaimid machnamh é. Ball de shnoíodóireacht na firinne seachas sinn féin é. Réamhbhlaiseadh ar an nglaine foirme a bheidh máguaird sa tsíoraíocht é – corp de choirp na síoraíochta. Agus conas a aithnímid uile é? Mar geiteann sé sinn mar a geiteadh na deisciobail i sráidbhaile Emmaus: 'Ná raibh an croí ar lasadh ionainn nuair a labhair sé ar an ród agus nuair a fhoilsigh sé dhúinn na Scrioptúirí?' Is rud lasmuigh dínn féin é ach bíodh is gurb ea is lenár bpaidir féin a chuimlimid é. Agus conas is féidir foirm ár bpaidre féin d'aithint mura gcuimlimid le rud eile í? Conas eile ach mar seo i gcoibhneas agus i dteagmháil le rud fíor lasmuigh dínn féin .i. fé choimirce na firinne? Níl na himeachtaí seo neamhchosúil leis an rud ar a dtugann T.S. Eliot *objective co-relative*.

Ach cá bhfios dom gur paidir an ruda lasmuigh dínn an dromchla úd?

Dúrt go ngeiteann bás sinn níos luaithe ná an Bás. Teampall is ea an Bás. Paidir is ea bás áirithe, paidir de phaidreacha an teampaill sin. Nuair a tharlaíonn bás áirithe, bíonn an bás gníomhach .i. ag rá a phaidre. Bíonn an bás beo fé gheit an uair sin, agus beo-gheiteann sé sinn (mura maraíonn sé sinn, agus ansin féin d'fhéadfadh sé sinn a gheiteadh chun paidre). Nuair a chloisimid tuairisc ar bhás áirithe agus nuair a gheitear sinn dá bharr is amhlaidh a thagann an bás áirithe sin chugainn go héasca i bhfoirm paidre. Braithimid é ag brú inár gcoinne mar a bhraithimid cuisle srutha. Braithimid an bhundealbh, an dromchla ag brú agus geitear sinn. Agus más mian linn dán a chumadh is féidir dul ina bhun láithreach, mar táimid fé gheit. Tá sé chomh fuirist, geall leis, focail a chur ar an bhfoirm seo agus a bheadh sé veist a chur ar leanbh. Bíonn na focail ann i gcónaí sa chás seo agus rian na deatháilliúireachta orthu.

Ach má dheinimid iarracht réasúnta ar dhán a scríobh ar an mbás is amhlaidh a théimid isteach i bhfuartheampall agus sinn féin inár bhfuartheampall. Bímid seal fada aimrid, míchéatach, uaigneach.

> Is fada anocht in Oil Finn,
> Fada linn an oíche aréir:
> An lá inniu gidh fada dhom
> Do ba leor fad an laoi inné.

Bímid ag tóch is ag léamh is ag casachtach go dtí go mbuaileann an dromchla linn – an Braille, an scamhóg, an phaidir. Ansin geit! Seo an

35

fhírinne! Seo ceann cúrsa! Seo smior! Seo gualainn Dé! Scaoiltear sinn láithreach as géibheann ár n-aigne féin – as Oil Finn – as doineann na haimride – as ifreann. Lasmuigh dár n-aigne féin dúinn anois – nó os a chionn mar a bheadh spideog. Agus nach mór an faoiseamh dúinn a chlos go bhfuil lasmuigh ann, mar go dtí go dtagann an gheit ní fios dúinn nach istigh atáimid. Ní fios dúinn nach 'istigh fada' an saol go léir. Ní fios dúinn aon rud eile a bheith ann seachas sinn féin. Do shíneamar ár n-intinn amach sa doircheacht agus moladh le Dia bhí rud seachas doircheacht ann. Is álainn an rud é rud. Ag taisteal go fionnuar ar fud na fírinne atáimid anois. Tá taca againn – taca daingean socair. Tá cruinneas míréasúnta inár nglór. Nuair a bhíonn an dán scríofa againn, éiríonn na línte socair doathraithe inár ndiaidh, fé mar ba chuid den bhith lasmuigh dínn féin iad agus fé mar ba dhuine eile a chum. Ní raibh ann ach gur tharrthaíomar iad. Sinne a tháinig i raon na geite. Ní raibh ann ach sin.

Is fada tuirsiúil an cúrsa é seo seachas an cúrsa eile a ríomhas .i. dán a scríobh ar tharlachtaint áirithe, ach ar slí is iontaí é. Sa chás seo, is amhlaidh a mhúsclaímid féin bás gan éinne a mharú. Ní raibh againn ach abhar báis agus do dheineamar bás de. Ach ní mór a admháil ná tagann an veist don leanbh chomh pras an turas seo, mar bíonn an leanbh rud beag leicthe teibí toisc go dtáinig sé as *incubator*. Ach creidim go n-éiríonn an leanbh seo lúfar tar éis dó bheith tamall inchollaithe i bhfocail ionas nach féidir idirdhealú a dhéanamh idir é agus tarlachtaint áirithe tar éis aga agus aimsire (creidim go dtéann dán in aibiúlacht uaidh féin tar éis dó bheith i dtaise ar feadh scathaimh).

Is dóigh liom gur paidir an ruda lasmuigh dínn an dromchla úd ar na habhair seo:

(a) gur rud éigin lasmuigh dínn (tarlachtaint nó abhar machnaimh) a gheit sinn i gcónaí:
(b) gur geiteadh sinn go tapaidh nuair a bhí an rud lasmuigh gníomhach;
(c) go mb'éigean dúinn dul ar lorg na geite nuair a bhí an rud lasmuigh faon.

Breithnímis an dán féin i leith paidre anois. Abair gur file infheadhma an leanbh úd agus gur chum sé dán. Cad a thit amach? Tháinig uaigneas air nuair a chonaic sé an capall. Do ghaibh báidh é le capallacht. Do shroich sé sa doircheacht paidir nó dromchla na capallachta. Tháinig na focal-éadaí ón dtáilliúir .i. ó shinsear an linbh. Is léir anois cár ghaibh paidir an chapaill – isteach sna héadaí .i. isteach sa dán. Braitear anois corraí fé na héadaí – rithim mar a bheadh sodar. Ach cár ghaibh paidir an linbh? Isteach sa dán.

Ach conas? Nach ar sodar atá an dán in ionad bheith ag lámhacán? Ach breithnigh an dán níos grinne. Domhan beag ann féin an dán seo ná fuil aon eolas le fáil ann ar chúrsaí lasmuigh dhe féin.
'Conas is eol duitse, a dhuine a hoileadh i dtír seo an dáin, gur sodar é?'
'Mar ní lámhacán é.'
'Bhfuil lámhacán ar bith sa dán seo?'
'Níl.'
'Agus cá bhfios duit cad é an rud lámhacán?'
'Ón sodar.'
'Conas ón sodar?'
'Mar sin é an saghas sodair é – sodar nach lámhacán.'
Is soiléir ón agallamh seo go bhfuil paidir an linbh le fáil sa dán i gcoibhneas le paidir an chapaill.

Ba mhaith liom rudaí áirithe a chím i bhfilíocht d'ainmniú:
(a) meabhair oscailte linbh;
(b) uaigneas;
(c) báidh;
(d) cruinneas foirme;
(e) coibhneas idir phaidirfhoirmeacha: as an gcoibhneas seo a thagann an gheit agus is é an coibhneas bun agus barr na filíochta agus na paidreoireachta; is é an coibhneas is cúis leis an rithim measaim;
(f) foireann mhaith táilliúirí .i. sinsear agus traidisiún uile an fhile.

Tá daoine sa tír seo a deir ná fuil scríbhneoirí Gaeilge na linne seo traidisiúnta. Creidim go bhfuil dearmad orthu. Ag féachaint ar na scríbhneoirí ón gclós atá na daoine seo. Laistigh den teanga atá na scríbhneoirí agus ní amuigh sa chlós. I dteampall na Gaeilge atáid ag paidreoireacht agus má mhúsclaíonn siad paidir ar bith is í paidir na Gaeilge is éigean dóibh a mhúscailt. Ní féidir an teanga d'fheacadh as a dúchas. Ní féidir aon phaidir eile do theacht as teampall na Gaeilge ach a paidir féin. Agus creidim nach fada go mbeidh an teampall seo ag teilgean a paidre in iomlán a nirt. Tá na scríbhneoirí ag paidreoireacht sa teanga fé láthair agus ní foláir dóibh í a mhúscailt ar fad sa deireadh ionas go n-éireoidh sí gníomhach agus go n-imeoidh sí ag paidreoireacht dá deoin féin. Ach cá raghaidh sí ag paidreoireacht ach i dteampaill na ndaoine? Mar is iad na scríbhneoirí a mhúsclóidh an teanga agus is í an teanga mhúscailte a mhúsclóidh na daoine chun labhartha na Gaeilge.

Iarraim ar an bpobal suarachas agus teirce mo shaothair a mhaitheamh dom.

Seo Libh

SEO libh a dhánta tríd an tír,
Ní mó ná sásta sinne libh,
Ach ba lú ná sin bhur sástacht linn,
Dá mb'eol díbh leath bhur n-ainnise.

Do cumadh sibh, a chlann véarsaí,
Is sinne ar easpa gramadaí,
Gan Institiúid gan eagnaí,
Gan ach comhairle eaglach ár gcroí
I lár na hoíche diamhaire.

Má castar libh fear léinn sa tslí,
Bhur rún ná ligidh leis, bhur sians,
Ní dá leithéid a cumadh sibh:
Tá baint agaibh le bualadh croí
Ar chuma an éinín bheannaithe.

Apologia

Do chuir an saol thar maoil,
Bhí an uile ní ina chúr,
Den lacht do dheineas im
Chun ná raghadh aon bhainne amú.

Gidh olc an chuigeann ním
Is annamh saol á chrú,
Is bíonn éileamh ar gach im
Le linn an drochshéasúir.

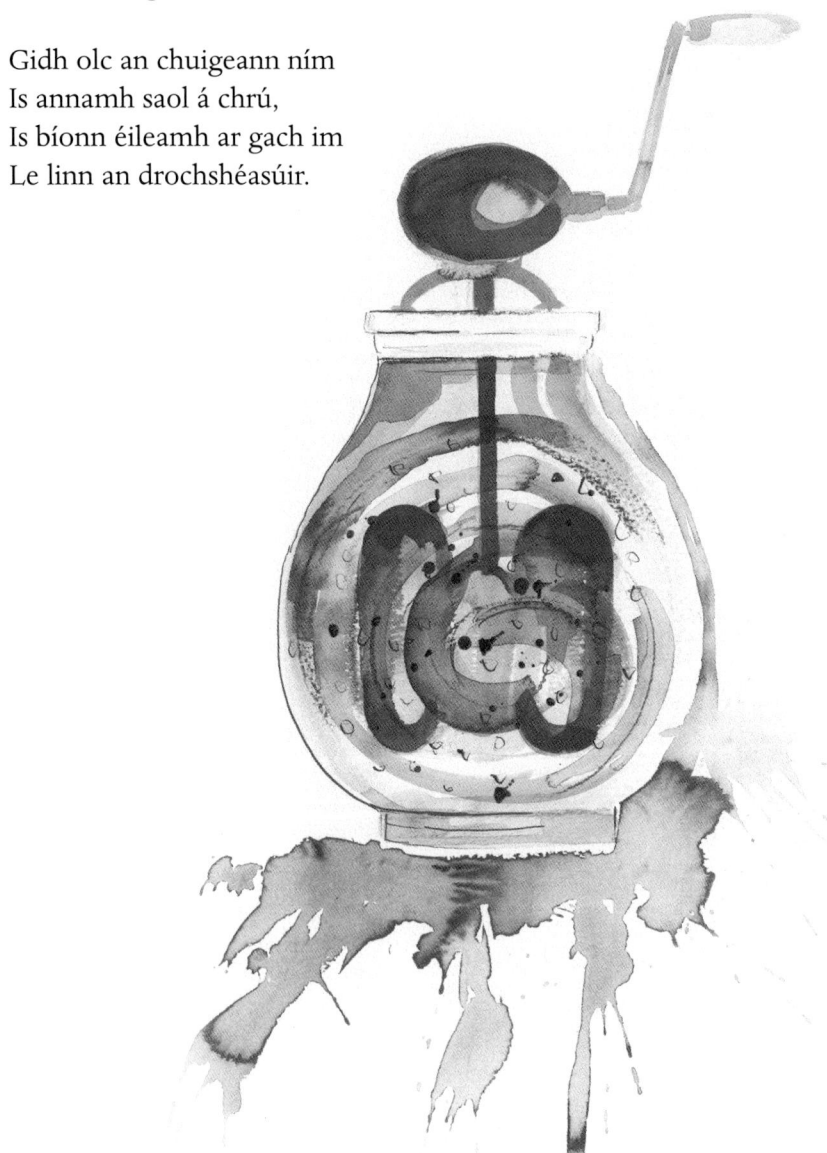

An Dall sa Studio

'Suigh síos agus déanfaidh mé pictiúir díot,'
Adúrtsa leis an dall,
'Tá cathaoir id aice ansin sa chúinne,'
D'iompaigh sé a cheann,
Is do shín amach an lámh sin oilte ar chuardach,
Gach méar ag snámh go mall
Mar mhéaranna ceoltóra ar a uirlis,
Is bhí an uirlis ann:
Do sheinn sé ar an aer táin nótaí ciúnais,
Goltraí bog na ndall,
Na snámhaithe critheaglacha gur thuirling
Ar bhruach na habhann –
An suíochán sin a luas-sa leis, sa chúinne,
Is do shuigh sé ann.
Siúd láithreach é ag cíoradh a chuid gruaige,
Mo réice dall!

An Leigheas

Do chaitheas tráthnóna le caidreamh,
Is scamaill go fuilteach sa spéir,
Gur súdh an fhuil as na scamaill,
Is fágadh ann salachar mar chré,
Im thimpeall bhí daoscar cuideachtach
Ag magadh is ag eascainí baoth;
Níor fhéadas suí socair sa bhaile
Ag suirí le leabhraibh an léinn
Is pianta go fuilteach ar m'anam,
Mar bhí fear ar an gcnoc thiar le bé.
 Do thomas an fhuil ins an salachar,
 Sin príomhleigheas an daoscair ar phéin

Filíocht an Phíopa

Is fada mé ag ól an phíopa,
   Blianta is mo chuisle sámh;
Ní rabhas ach ag ól mo phíopa
   Mar óltar píopa de ghnáth.

Ach tharla anois is arís dom
   Gur chorraigh an chuisle shámh
Mar bhí blas líne obann filíochta
   Chuir tochas go smior na gcnámh,

Ar ghnáthghal leamh mo phíopa,
   Is do thuigeas le geitlúcháir
Go rabhas-sa ag ól mo phíopa
   Mar ná hóltar píopa de ghnáth.

An Cheist

Tá bás sa tsamhradh chugham gan mhoill:
An stathfad blátha roimh a thíocht,
Nó an sáithfead crúb go ciúin im mhian
Le súil go stathfad sa tsíoraíocht?

Bhfuil síoraíocht ann mar deir na naoimh
Laistiar den chnuimh, den chré sa chill,
An bhfuil an phóg a chailleas beo
Le fáil sa tsaol laistiar den dreo?

Tionóisc ó Neamh

Nuair fhéachas an fhuinneog amach
Do chonac crann maol 'na sheasamh san oíche,
Laistiar de las an bhuí-ghealach,
Fo-ghéag 'na roc ar aghaidh draíochta.

Mura mbeadh an ré ba bheag mo shuim
I gcrann beag maol 'na sheasamh san oíche,
Ach is mó ná géag crainn roc gealaí,
Tionóisc ó neamh ba thrúig na draíochta.

Is mó ná bréithre focail fháin
Má rocann siad gealach filíochta,
Bhfuil aghaidh ghealaí laistiar dem dhán?
Tionóisc ó neamh atá de dhíth orm.

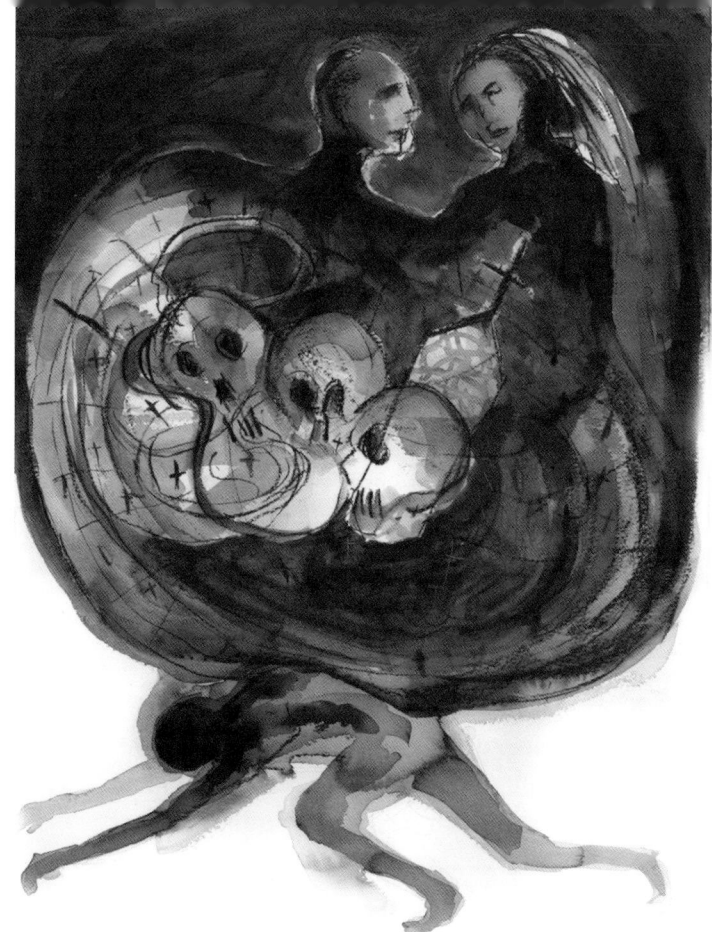

Ualach na Beatha

Is deacair an t-ualach seo d'iompar
  A thiomnaigh m'athair don chré,
Tráth ní raibh ann ach sciath ghliondair,
  Táim aga im chruiteachán fé.

Ní fuascailt dom braith ar na húdair,
  A mhúinfeadh an tslí do gach n-aon,
Is drong díobh ag cáineadh an chúrsa
  A mholann drong eile go tréan.

Tá comharthaí i mbéal an dá chúrsa
  Is scamaill as sin feadh a raon,
Scaipfidh gach scamall ach siúl tríd,
  Ach caithfear an bhreith thabhairt roimh ré.

Is minic bhraitheas milseacht i maighdean
   A fhág me go trochailte tréith,
  A dhein síoraíocht gan faoiseamh den aimsir
   Is feitheamh dem ghníomhartha go léir.

Ach ba nimhní an mhilseacht sa chomhartha
   Ná slimchrot aon bhéithe fán spéir,
  Ní haonchorp mná óige bhí romham ann
   Ach ilchorp na bantrachta féin.

Bhí aoibhneas gach mná dar luigh síos ann
   Is fiainmhian gach fir a saolaíodh,
  Bhí an buanordú seanda 'Méadaighidh!' ann,
   Bhí ualach le roinnt ar mo dhroim.

Iar mbíogadh as aisling na feola
   Tháinig fuaradh agus báine ar mo ghné;
  Do scrúdaíos an dara ródchomhartha,
   Cé go mb'fhonn liom éalú gan é léamh.

Ardchnoc is sneachta ar a bharr
   Agus umhalmhachnamh uaigneach sa spéir,
  Gaoth bhorb gan fothain mhná,
   Staonadh agus cúngfhocal Dé.

Do theip orm teacht ar chruinnchomhairle
   D'easpa an mhisnigh im chroí,
  Do teilgeadh mé amach as na bóithre,
   Agus fágadh mé caite cois claí.

Odi Profanum Vulgus

Ní fada bhíonn duine ag cleachtadh gréasaíochta
Nuair thagann claochló ar a iompar,
Is labhrann sé feasta mar labhair leis na blianta
Gach bráthair a dhealbhaigh buatais.

Ní fada bhíonn duine ag cumadh filíochta
Go scarann le daoscar na céille,
Is gabhann sé go huaigneach mar gabhadh leis na cianta
Le tuairim is dínit na cléire.

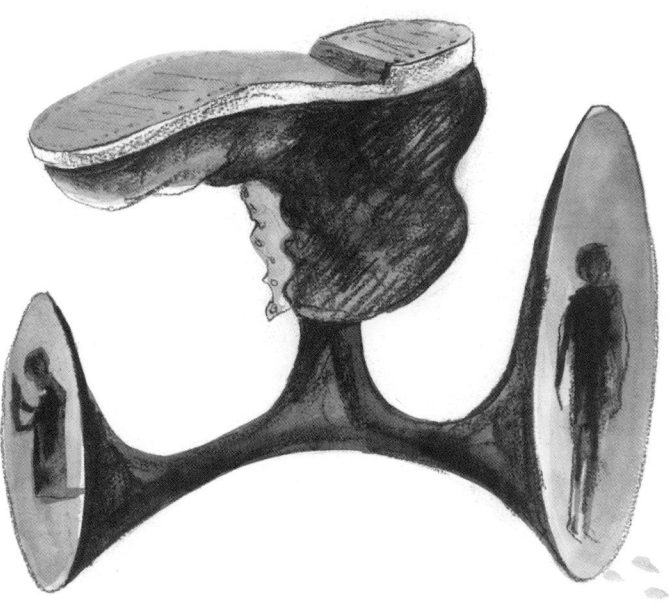

A Sheanfhilí, Múinídh dom Glao

Tá focail ann dá mb'eol dom iad
Folaithe i gceo na haimsire,
Is táim ag cur a dtuairisc riamh
Ó chuir an ré an tsaint orm:
Táid scaipithe i leabhraibh léinn,
Is fós i gcuimhne seanóirí,
Is ag siúl na sráide im chuimhne féin,
Och, buailim leo is ní aithním iad.

Tá aisling ann, is is eol dom í,
Ag fiuchadh i mbroinn mo shamhlaíochta,
Lasair gheal gan chorp mar ghaoith,
Is corp oiriúnach á impí aici,
Abhar linbh í ag santú saoil,
Bean mé nach maighdean is nach máthair,
A sheanfhilí, múinídh dom glao
A mheallfadh corp dom shamhailtgharlach.

Bacaigh

Im shiúlta tríd an saol
Nuair fhéachaim seal im thimpeall
Dar liom do chím i mbéal
An tsagairt tríd a dhiagacht,
Is i rosc an bhaitsiléir
Ná tadhallfadh bean le píce,
Is i ngliogaireacht na mbé
Lean ceard na geanmnaíochta,
Leamhchúthaileacht gan chéill
Na droinge sin bacaíochta
A shíneann lámh don déirc
Is ná labhrann focal choíche.

Ní Raibh Sí Dílis

Tá an tseana-Laoi ag urnaí soir,
   Is righin a paidir,
Is ré bhuí fhómhair clóbhuailte istigh
   I suaimhneas leathan
Na fiormaiminte, is solas lae
   I bhfanntais dheirg,
Is maidrín 'na luí go tréith
   I gcodladh meirbh.
Mo chroí dá dtomfainn ins an Laoi,
   San abhainn dheirg,
Do réabfadh sí mar scuaine diabhal
   Gach bruach le feirg.
Dá gcuirfinn smaoineamh i ngach néall,
   Mo smaointe buile,
Bheadh spéirling ifreannda sa spéir
   Is deamhain ar mire
Ag seiliú mallacht ar an ré
   Is ag cacadh tine,
Is an ghrian a rug léi solas lae
   Níor mhór di filleadh
Mar shárú ar an ngnáth-dhul-fé,
   Is urchóid ifrinn
A leathanfhógairt ins an spéir
   Le hiomad gile.
Dá ligfinn och dem bhrón i gcluais –

Mo bhrón do-inste,
An mhaidrín 'na luí i suan
　Do raghadh le díograis
Ag sealgaireacht i bpluaisibh bróin,
　Ag lorg fola
An chogair líon a chroí d'anró
　Is é ina chodladh.
'Nois canaim é mar shíorchurfá
　Is bím go smaointeach
Á iompar liom ó áit go háit,
　'Ní raibh sí dílis.

Torann agus Tost

Bhí béic is búirth na corann im chluais,
　Sin mar chaitheas an tráthnóna sin,
Mar phéin gan suan bhí an torann go buan
　Is do shuigh sé liom sa tseomra.

De léim do chuas ón dtolg anonn
　Gur dhúnas na fuinneoga air,
Mar mhéir i gcluais do tostadh an fhuaim,
　Is dhein osna ciúin den seomra.

Ba ghéar is ba chruaidh an focal a dúirt
　An ainnir óg gan trócaire,
Mar phéin gan suan bhí an focal go buan
　Is do shuigh sé liom sa tseomra.

Dá mhéid a liú, chuaigh an focal amú,
　Níor sheas cogar de sa tseomra,
Ach céadfa i suan is tost mar an uaigh:
　Féach, oscail na fuinneoga dom.

An Peaca

Thit réal na gealaí i scamallsparán,
   Go mall, mall, faitíosach,
Mar eala ag cuimilt an locha sa tsnámh,
   Is do chuimil go cneasta an oíche.

Do scéigh sí go tóin an scamallsparáin –
   Anam dea-chumtha na hoíche –
Mar chomhfhuaim ag titim go ceolmhar trí dhán,
   Is do chritheas le fuacht na filíochta.

Ach teilgeadh daoscarscread míchumtha ard
   'Na urchar trí ghloine na hoíche
Is cheapas go bhfaca na blúiríní fáin
   Fé chrúbaibh an mhasla san aoileach.

D'fhéachas arís ar lámhscríbhinn an dáin,
   Ach prós bhí in áit na filíochta –
An ré is na scamaill is an spéir mar ba ghnáth –
   Mar bhí peaca ar anam na hoíche.

An Doircheacht

Ag luí dhom im leaba anocht
Is daille na hoíche ar mo shúilibh
Smaoinim gan feirg gan tocht,
Gan oiread is deoir ar mo ghruannaibh,
Ar na soilse do múchadh im shaol:
Gach solas dar las ann do múchadh
Le tubaist dochreidte do shéid
Mar an ghaoth seo ag béicigh im chluasaibh.

Is ait liom gur mise an té
A chaill gach aon dóchas a fuair sé,
Is ait liom go rabhas-sa inné
Go dóchasach ainnis im bhuachaill,
Ach tá an doircheacht codlatach séimh,
Níl cúram ar bith ar mo shúilibh,
Is ní saoire ina buile an ghaoth
Ná an té tá gan solas le múchadh.

An Stoirm

Tá an doras á chraitheadh is gan Críostaí ann
Ach gaoth dhall stuacach ag réabadh
Go liobarnach siar is aniar san oíche.
Tá a gúna á stracadh anonn is anall
Is á pholladh ag snáthaidí géara
Na fearthainne, atá ag titim 'na mílte.
Tá an tseanbhean fá chritheagla ag féachaint suas
Trí dhíon an tí, ag lorg Dé,
Is port gainmheach na fearthainne go diablaí thuas
Ag báitheadh an fhocail ar a béal.
Siúd léi go himníoch is coinneal 'na glaic
Ag daingniú na fuinneoige;
Nuair thit an solas coinnle ar an ngloine, las
Na ceathanna bolgóidí.
Do ghortaigh dealg fhuar fearthainne mo lámh,
D'fhéachas de gheit;
Braon duibh as an bpeann reatha dhein an smál,
Bheadh braon fearthainne glan.

Cuireadh

Ba mhaith liom tráthnóna do chaitheamh leat,
Is leoithne ag seinm id ghlór,
Tá staonadh na naomh i ngach peaca leat,
Is paidir diamhasla id bheol.

Ó, tar chugham tráthnóna is labhair liom,
Is mithid dom deoch díot a ól,
Ó, bí ar feadh oíche im ragairne,
Led mheiscese soilsigh mo ród,

Dein is cuir solas im dhearcaibhse
Is chífead dath géime na mbó;
Tar chugham is cloisfead gan bac ar bith
Rannaireacht rúnda na rós.

Ná fan riamh, a chuisle, rófhada uaim,
Mar scaipeann an mheisce mar cheo,
Is ní labhrann an abhainn thíos ach gramadach,
Is bímse chomh dall le dlíodóir.

An Dual

Beirt bhan óg ag trasnú sráide
Lámh ar láimh, iad uaim i gcéin,
Raideann bean díobh fialfholt álainn
Óna héadan siar 'na léim.

B'shin foltléim dar thugas grá riamh,
Léim a charas im shamhlaíocht,
Mar chomhartha áilleachta iomláine
Gan súil agam í d'fheiscint riamh.

Ná ní fhaca an radharc seo sráide,
Buaileadh sí-bhob ar mo shúil,
Ceann na mná sin a shiúil lámh léi
Bhí ag léimnigh mar bheadh dual.

Deireadh snasa cá bhfuil fáil air?
Bíonn geanc nó fiacail ann de shíor
Á choscadh díreach ar an dtáirseach,
Is druideann radharc na bhFlaitheas siar.

Sos

Mar sceach fé thathaint na gaoithe
Tá m'anam á lúbadh anocht,
   Thiar ná thoir níl dídean
   Mar is poll im cheann gach smaoineamh
   Trína liúnn an ghaoth gan sos.

Raghad go halla an rince
Mar a mhúineann fuaimint cos
   Is béarlagar na mianta
   Bodhaire seal don intinn,
   Is gheobhad ansan mo shos.

Ach do labhair gach aghaidh go líofa,
Ach m'aghaidhse bhí i dtost,
   I dteanga nár airíos-sa
   Á labhairt amuigh san iasacht
   'Na mbím go haonarach.

Cumfad féin de bhriathra
Scáthán véarsaí anocht,
As a labharfaidh aghaidh scoraíochtach
A mhalartóidh liom faoistin,
   Is gheobhad ansan mo shos.

Éist le Fuaim na hAbhann

Do chuamar ag siúlóid san oíche,
    Bean agus triúr fear,
Agus bhí an abhainn ag labhairt léi féin gan faoiseamh,
    Agus cé nár thuigeas a leath
Dob eol dom go raibh sí lándáiríre
    Agus dob eol dom nár chleas
Aon bhraon amháin dá briathra
    Ach uiscechomhrá glan.

Ach do scaipeas-sa easpa céille
    Tríd an oíche gan stad,
Agus do chaitheas púicín ró-aerach
    De bhriathra gan mhaith
Ar aghaidh m'anama go bréagach
    Ag dalladh beirte lem ais
Sara bhfeicidís na deargchréachta,
    Sara gcloisidís an chnead.

Ach anois ó táim im aonar
    Bíodh m'anam lom gan bhrat,
Is labharfad fíor liom féinig
    Mar a labhair an abhainn gan chleas
Nuair a ardaigh dán go sléibhte
    Lena huisce féin ar fad,
Nuair nár ghéill do cheol an éithigh
    Ach lomuisceachas do chan.

Cláirseach Shean na nGnáthrud

Tioc, tioc, tioc, ar chearcaibh ghlaoigh,
Is do tuigeadh domsa láithreach
Gur dán na focail tioc, tioc, tioc,
De bhrí go bhfuilid ársa.

Is féidir seinnt mar Orpheus
Ar chláirseach shean na ngnáthrud,
Tá uaigneas seanda ins an gcat
Á ghoradh féin gan náire.

Mar do hairíodh an macalla sin
I gcloignibh gan áireamh –
An caitín muinteartha ina luí
Go drúiseach ar thinteánaibh.

Is titim siar go leanbach
Im óige chlúracánach
Nuair a déantar fuarchorpán dem chois
Le codladh grifín na snáthad.

Tá seanchas sa dúiseacht sin,
Sa ghigilteas uafásach,
Is púcaí na mbéaloideasaí
Mar shamhlaíos iad im pháiste.

Ag sin trí téada luaite agam
Ar chláirseach shean na ngnáthrud,
Gnáthghlaoch ar chearcaibh, cat ar lic,
Is codladh grifín na snáthad.

Paidir

'An abrófá paidir dom?'
Adúrtsa léi an mhaidin sin,
Is dúirt sí, 'Fuafad d'ainmse
Mar shnáith trí bhréidín paidre,'
Is chím anois a haigne
Mar chapaillín san eaglais
Is m'ainmse mar eireaball
Ar foluain san aer.

Do Dhomhnall Ó Corcora

Éirigh is can ár mbuíochas croí dhó,
Do mhúin sé an tslí,
Do dhúisigh eilit ár bhfilíochta
I gcoillte blian.

Do dhein dá anam cluas le héisteacht,
Is d'éist gan trua
(Dó féin, ná d'éinne mhúnlaigh véarsa),
Gur thit anuas

De phlimp ar urlár gallda an lae seo
Eoghan béal binn,
Aindrias mac Craith, Seán Clárach, Aodhgán,
Cioth filí.

Do leag méar chiúin ar chuislinn Aodhgáin,
Do chreid a luas,
Do gheal an lá ar intinn aosta
Dúinn ba dhual.

D'fhill sé leo an bhuíon filí seo
An staighre suas,
Is do shiúil sé bóithre lán de Mhuimhnigh,
É féin 's Eoghan Rua.

Do ghoid sé uathu cluas an chine,
Cluas spailpín,
Níor fhulaing dán ar bith a thuilleadh
Ach gin gan teimheal.

Braithim é gan sos ag éisteacht
Mar athchoinsias;
Tá smacht a chluaise ar lúth mo véarsa,
Trom an chuing.

Tráthnóna na teangan in Éirinn,
Is an oíche ag bogthitim mar scéal,
D'éist sé le creagar i véarsa,
Is do chuala croí cine soiléir.

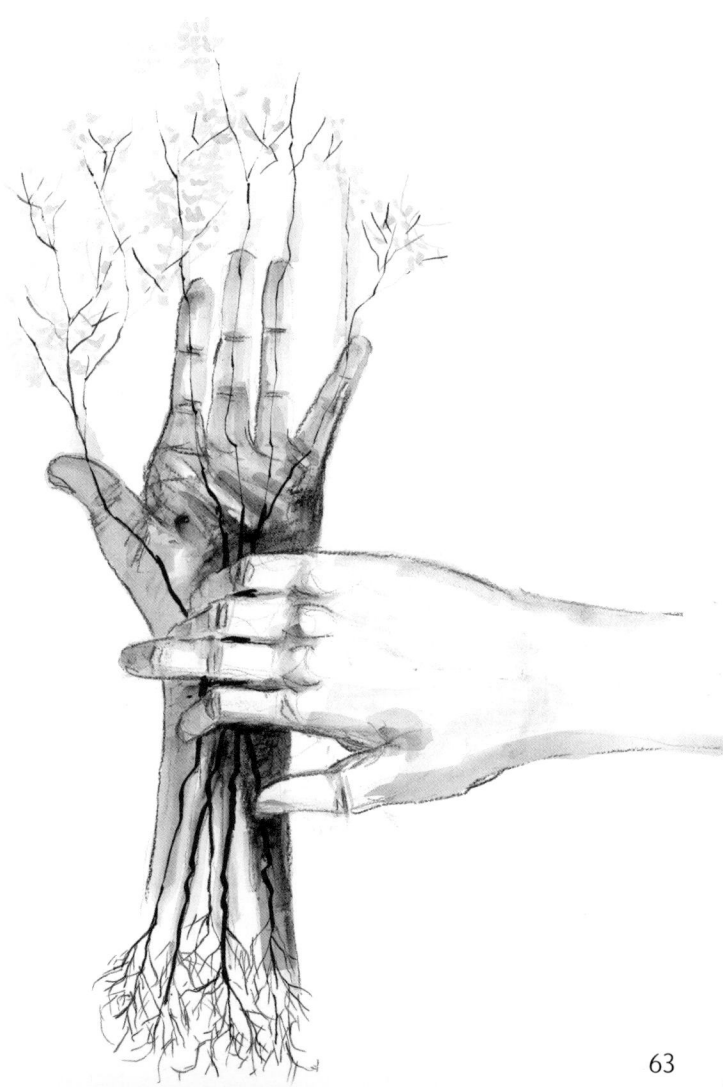

Roithleán

Bhí ceol na hoíche seinnte
Is cnead na maidne im chluais
Nuair do rugas-sa mo ghreim docht
Ar urla bheag den suan,
A chlúdaigh m'anam thuas
I gceantar na míorúilt
San oíche mhór ealaíonta
'Na rinceann treabh na dtaibhreamh
Le ceolta míréasúin
Anonn is anall gan chúis.

Do choinníos uirthi greim docht,
An urla bheag dem shuan,
Lena sníomh i bhfoirm taibhrimh
Ach bhí an mhaidinchnead im chluais,
Is bhí an urla bheag róchúng,
Is níor shníomhas ach an tús,
Nuair do chas an tús sin timpeall
Gan trócaire ina roithleán:
　Do bheinn im ghealt go buan
　Ach gur scaoileas uaim an suan.

An Cat

An cat d'fhágáil amuigh
   Sa chaochoíche leis féin,
   Is an spéir ró-ard mar thigh,
   Ní dhéanfainn a leithéid.

Dhá shúil mar dhá thoitín
   I dtóin na hoíche i gcéin,
   Is sceon i gcroí chaitín,
   Ní dhéanfainn a leithéid.

Féasóga cíortha ag crith
   Is ionga troda réidh,
   Iontaoibh phiscín a lot,
   Ní dhéanfainn a leithéid.

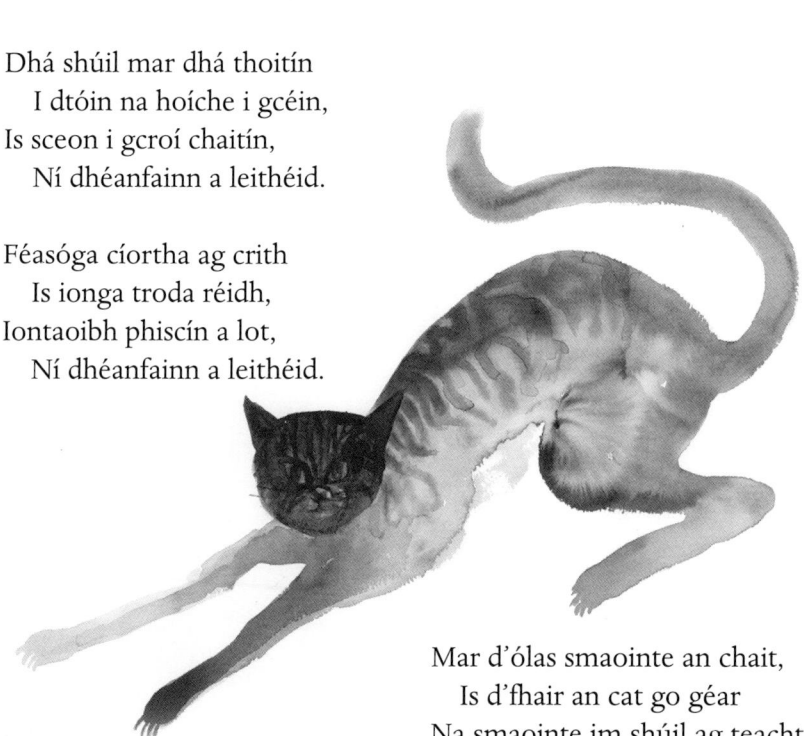

Mar d'ólas smaointe an chait,
   Is d'fhair an cat go géar
   Na smaointe im shúil ag teacht,
   Is d'fhásamar araon.

Do deineadh díom leathchat,
   Ba dhuine an cat dá réir,
   An caidreamh a scoilt,
   Ní dhéanfainn a leithéid.

Gráin sinsearach na gcat
   Don chine daonna féin
   'Na shúile siúd a bhrath –
   Do bheinn go brách i bpéin.

Adhlacadh mo Mháthar

Grian an Mheithimh in úllghort,
    Is siosarnach i síoda an tráthnóna,
    Beach mhallaithe ag portaireacht
    Mar screadstracadh ar an nóinbhrat.

Seanalitir shalaithe á léamh agam,
    Le gach focaldeoch dar ólas
    Pian bhinibeach ag dealgadh mo chléibhse,
    Do bhrúigh amach gach focal díobh a dheoir féin.

Do chuimhníos ar an láimh a dhein an scríbhinn,
    Lámh a bhí inaitheanta mar aghaidh,
    Lámh a thál riamh cneastacht seana-Bhíobla,
    Lámh a bhí mar bhalsam is tú tinn.

Agus thit an Meitheamh siar isteach sa Gheimhreadh,
    Den úllghort deineadh reilig bhán cois abhann,
    Is i lár na balbh-bháine i mo thimpeall
    Do liúigh os ard sa tsneachta an dúpholl,

Gile gearrachaile lá a céad chomaoine,
    Gile abhlainne Dé Domhnaigh ar altóir,
    Gile bainne ag sreangtheitheadh as na cíochaibh,
    Nuair a chuireadar mo mháthair, gile an fhóid.

Bhí m'aigne á sciúirseadh féin ag iarraidh
    An t-adhlacadh a bhlaiseadh go hiomlán,
    Nuair a d'eitil tríd an gciúnas bán go míonla
    Spideog a bhí gan mhearbhall gan scáth:

Agus d'fhan os cionn na huaighe fé mar go mb'eol di
    Go raibh an toisc a thug í ceilte ar chách
    Ach an té a bhí ag feitheamh ins an gcomhrainn,
    Is do rinneas éad fén gcaidreamh neamhghnách.

Do thuirling aer na bhFlaitheas ar an uaigh sin,
  Bhí meidhir uafásach naofa ar an éan,
Bhíos deighilte amach ón diamhairghnó im thuata,
  Is an uaigh sin os mo chomhair in imigéin.

Le cumhracht bróin do folcadh m'anam drúiseach,
  Thit sneachta geanmnaíochta ar mo chroí,
Anois adhlacfad sa chroí a deineadh ionraic
  Cuimhne na mná d'iompair mé trí ráithe ina broinn.

Tháinig na scológa le borbthorann sluasad,
  Is do scuabadar le fuinneamh an chré isteach san uaigh,
D'fhéachas-sa treo eile, bhí comharsa ag glanadh a ghlúine,
  D'fhéachas ar an sagart is bhí saoltacht ina ghnúis.

Grian an Mheithimh in úllghort,
  Is siosarnach i síoda an tráthnóna,
Beach mhallaithe ag portaireacht
  Mar screadstracadh ar an nóinbhrat.

Ranna beaga bacacha á scríobh agam,
  Ba mhaith liom breith ar eireaball spideoige,
Ba mhaith liom sprid lucht glanta glún a dhíbirt,
  Ba mhaith liom triall go deireadh lae go brónach.

Na Fathaigh

Thuirling pianta diaidh ar ndiaidh,
  Pian ar phéin,
Níl sa chiapadh ach neamhní,
  Dúrt liom féin.

Tiocfaidh faoiseamh leis an ngréin,
  D'éirigh grian,
Lean mo bhroid ag dul i méid,
  Faire, a Chríost.

Lean na pianta ag argóint,
  Mise an t-abhar,
Focal níl sa phianfhoclóir
  Ná rabhas ann.

Iad am ithe, iad am ól,
  Iad am chrú,
Mé go béasach cneasta leo,
  Mé go humhal.

Ba leosan do chuaigh an lá,
   Mise a chaill,
Namhaid im thigh, an fhoighne is fearr,
   Tiocfaidh faill.

Fan, do chuaigh na pianta thar fóir,
   D'éiríos as,
Léim mo sprid le gliondar mór,
   Lig sí scread.

In aghaidh Dé do lig sí scread,
   Dúshlán fé!
Scaoileadh sé gach pian 'na ghlaic,
   Táimse réidh.

Thuirling milseacht tríd an aer,
   Thuirling neart,
Chonac na fathaigh taobh le taobh,
   Dia is an scread.

Cúl an Tí

Tá Tír na nÓg ar chúl an tí,
  Tír álainn trína chéile,
Lucht ceithre chos ag siúl na slí
  Gan bróga orthu ná léine,
  Gan Béarla acu ná Gaeilge.

Ach fásann clóca ar gach droim
  Sa tír seo trína chéile,
Is labhartar teanga ar chúl an tí
  Nár thuig aon fhear ach Aesop,
  Is tá sé siúd sa chré anois.

Tá cearca ann is ál sicín,
  Is lacha righin mhothaolach,
Is gadhar mór dubh mar namhaid sa tír
  Ag drannadh le gach éinne,
  Is cat ag crú na gréine.

Sa chúinne thiar tá banc dramhaíl'
  Is iontaisí an tsaoil ann,
Coinnleoir, búclaí, seanhata tuí,
  Is trúmpa balbh néata,
  Is citeal bán mar ghé ann.

Is ann a thagann tincéirí
　　Go naofa, trína chéile,
Tá gaol acu le cúl an tí,
　　Is bíd ag iarraidh déirce
　　Ar chúl gach tí in Éirinn.

Ba mhaith liom bheith ar chúl an tí
　　Sa doircheacht go déanach
Go bhfeicinn ann ar chuairt gealaí
　　An t-ollaimhín sin Aesop
　　Is é ina phúca léannta.

Malairt

'Gaibh i leith,' arsa Turnbull, 'go bhfeice tú an brón
   I súilibh an chapaill,
Dá mbeadh crúba chomh mór leo sin fútsa bheadh brón
   Id shúilibh chomh maith leis.'

Agus b'fhollas gur thuig sé chomh maith sin an brón
   I súilibh an chapaill,
Is gur mhachnaigh chomh cruaidh air gur tomadh é fá dheoidh
   In aigne an chapaill.

D'fhéachas ar an gcapall go bhfeicinn an brón
   'Na shúilibh ag seasamh,
Do chonac súile Turnbull ag féachaint im threo
   As cloigeann an chapaill.

D'fhéachas ar Turnbull is d'fhéachas air fá dhó
   Is do chonac ar a leacain
Na súile rómhóra bhí balbh le brón –
   Súile an chapaill.

Cnoc Mellerí

Sranntarnach na stoirme i Mellerí aréir
Is laethanta an pheaca bhoig mar bhreoiteacht ar mo chuimhne,
Laethanta ba leapacha de shonaschlúmh an tsaoil
Is dreancaidí na drúise iontu ag preabarnaigh ina mílte.

D'éirigh san oíche sidhe gaoithe coiscéim,
Manaigh ag triall ar an Aifreann,
Meidhir, casadh timpeall is rince san aer,
Bróga na manach ag cantaireacht.

Bráthair sa phroinnteach ag riaradh suipéir,
Tost bog ba bhalsam don intinn,
Ainnise naofa in oscailt a bhéil,
Iompar mothaolach Críostaí mhaith.

Do doirteadh steall anchruthach gréine go mall
Trí mhúnla cruiceogach fuinneoige,
Do ghaibh sí cruth manaigh ó bhaitheas go bonn
Is do thosnaigh an ghrian ag léitheoireacht.

Leabhar ag an manach bán namhdach á léamh,
Go hobann casachtach an chloig,
Do múchadh an manach bhí déanta de ghréin
Is do scoilteadh an focal 'na phloic.

Buaileadh clog Complin is bhrostaigh gach aoi
Maolchluasach i dtreo an tséipéil;
Bhí beatha na naomh seo chomh bán le braitlín
Is sinne chomh dubh leis an daol.

Allas ar phaidrín brúite im láimh,
Mo bhríste dlúth-tháite lem ghlúin,
Ghluais sochraid chochallach manach thar bráid,
Ba shuarach leat féachaint a thabhairt.

Ach d'fhéachas go fiosrach gan taise gan trua
Mar fhéachadar Giúdaigh fadó
Ar Lazarus cúthail ag triall as an uaigh
Is géire na súl thart á dhó.

Do thiteadar tharainn 'na nduine is 'na nduine,
Reilig ag síorphaidreoireacht,
Is do thuirling tiubhscamall de chlúimh liath na cille
Go brónach ar ghrua an tráthnóna.

'Tá an bás ag cur seaca ar bheatha anseo,
Aige tá na manaigh ar aimsir,
Eisean an tAb ar a ndeineann siad rud,
Ar a shon deinid troscadh is treadhanas.

'Buachaill mar sheanduine meirtneach ag siúl,
Masla ar choimirce Dé,
An té 'dhéanfadh éagóir dá leithéid ar gharsún
Do chuirfeadh sé cochall ar ghréin;

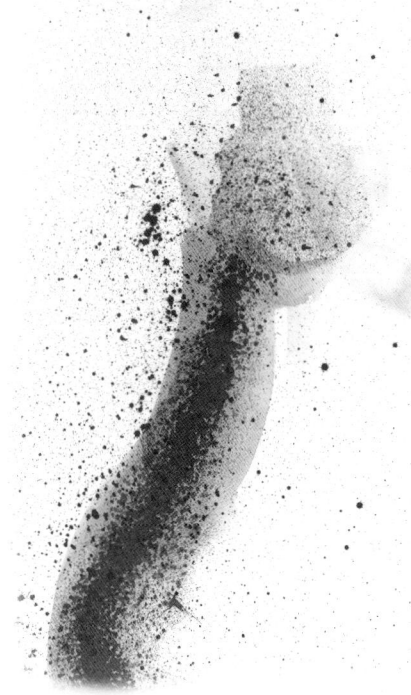

'Do scaipfeadh an oíche ar fud an mheán lae,
Do bhainfeadh an teanga den abhainn,
Do chuirfeadh coir drúise in intinn na n-éan
Is do líonfadh le náire an domhan.

'Tá an buachaill seo dall ar an aigne fhiain
A thoirchíonn smaointe éagsúla
Gan bacadh le hAb ná le clog ná le riail
Ach luí síos le smaoineamh a dhúile.

'Ní bhlaisfidh sé choíche tréanmheisce mná
A chorraíonn mar chreideamh na sléibhte,
'Thug léargas do Dante ar Fhlaitheas Dé tráth,
Nuair a thuirling na haingil i riocht véarsaí,'

Sin é dúirt an ego bhí uaibhreach easumhal,
Is é dallta le feirg an tsaoil,
Ach do smaoiníos ar ball, is an ceol os ár gcionn,
Gur mó ná an duine an tréad.

D'fhéachas laistiar díom ar fhásach mo shaoil,
Is an paidrín brúite im dhóid,
Peaca, díomhaointeas is caiteachas claon,
Blianta urghránna neantóg.

D'fhéachas ar bheatha na manach anonn,
D'aithníos dán ar an dtoirt,
Meadaracht, glaine, doimhinbhrí is comhfhuaim,
Bhí m'aigne cromtha le ceist.

Do bhlaiseas mórfhuascailt na faoistine ar maidin,
Aiseag is ualach ar ceal,
Scaoileadh an t-ancaire, rinceas sa Laidin,
Ba dhóbair dom tuirling ar Neamh.

Ach do bhlaiseas, uair eile, iontaoibh asam féin,
Mo chuid fola ar fiuchadh le neart,
Do shamhlaíos gur lonnaigh im intinn Spiorad Naomh
Is gur thiteadar m'fhocail ó Neamh.

Buarach ar m'aigne Eaglais Dé,
Ar shagart do ghlaofainn coillteán,
Béalchráifeacht an Creideamh, ól gloine gan léan,
Mairfeam go dtiocfaidh an bás!

Manaigh mar bheachaibh ag fuaimint im cheann,
M'aigne cromtha le ceist,
Nótaí ag rothaíocht anonn is anall,
Deireadh le Complin de gheit.

Sranntarnach na stoirme i Mellerí aréir
Is laethanta an pheaca bhoig mar bhreoiteacht ar mo chuimhne
Is na laethanta a leanfaidh iad fá cheilt i ndorn Dé,
Ach greim fhir bháite ar Mhellerí an súgán seo filíochta.

Oíche Nollaig na mBan

Bhí fuinneamh sa stoirm a éalaigh aréir,
    Aréir oíche Nollaig na mBan,
As gealt-teach iargúlta tá laistiar den ré
    Is do scréach tríd an spéir chughainn 'na gealt,
Gur ghíosc geataí comharsan mar ghogallach gé,
    Gur bhúir abhainn shlaghdánach mar tharbh,
Gur múchadh mo choinneal mar bhuille ar mo bhéal
    A las 'na splanc obann an fhearg.

Ba mhaith liom go dtiocfadh an stoirm sin féin
    An oíche go mbeadsa go lag
Ag filleadh abhaile ó rince an tsaoil
    Is solas an pheaca ag dul as,
Go líonfaí gach neomat le liúrigh ón spéir,
    Go ndéanfaí den domhan scuaine scread,
Is ná cloisfinn an ciúnas ag gluaiseacht fám dhéin,
    Ná inneall an ghluaisteáin ag stad.

An Bás

Bhí an bás lem ais,
D'aontaíos dul
Gan mhoill gan ghol,
Bhíos am fhéinmheas
Le hionadh:
A dúrtsa
'Agus b'shin mise
Go hiomlán,
Mhuise slán
Leat, a dhuine.'

Ag féachaint siar dom anois
Ar an dtráth
Go dtáinig an bás
Chugham fé dheithneas,
Is go mb'éigean
Domsa géilleadh,
Measaim go dtuigim
Lúcháir béithe
Ag súil le céile,
Cé ná fuilim baineann.

Oilithreacht fám Anam

Do labhair an tír mar theampall,
Bhí siúl na habhann boimpéiseach,
Do chrom go glúin na gleannta,
Bhí fíor na croise ar ghéaga.

    Mar sheanabhean dheabhóideach
    Ag déanamh Turas na Croise
    Sheas asailín ómósach
    Gan aird aige ar dhuine.

Le soiscéal gaoithe d'éisteas,
Bhí naofacht ar an dtalamh,
Anseo do mhair mo chéadshearc,
Níor ghabhas an treo le fada.

    D'aiséirigh 'na taisléine,
    Is solas ar a leacain,
    Is do thionlaic mé go gléineach
    Ar oilithreacht fám anam.

Chonac saol mar scéal fiannaíochta
Fadó, fadó, ar maidin,
A mhúnlaigh an tslat draíochta
A bhíonn 'na láimh ag leanbh.

    Bhí cailleach chríon sa chúinne,
    A dhá hordóig ag casadh
    Go tionscalach mar thuirne,
    Ag piseogaíocht go gasta.

Iar n-éisteacht lena glórtha
Ba chomharsa an clúracán dom,
Ba chlúracán gach comharsa
Is drúcht na hóige ar bhánta.

Ach thuirling eolas buile
A scoilt an mhaidin álainn
'Na fireann is 'na baineann,
Is chuir ruaig ar chlúracána.

Mar ghadhar ag déanamh caca
Ar fud an tí istoíche,
Nó mar sheilmide ag taisteal
Do bhréan an fios mo smaointe.

Do samhlaíodh dom gur shloigeas
Mórstoirm oíche gaoithe,
B'é deamhan na drúise 'chloiseas
Á iomlasc féin im intinn.

Do chuala an deamhan trím chodladh
Ag satailt ar mo smaointe,
Is do sháigh isteach a chosa
Im fhéitheacha mar bhríste.

Chonac frog tráthnóna i dtobar
Is deamhan á chur ag léimnigh,
Do chuala deamhan ag cogar
I lár scigireachta béithe.

Bhreithníos an saol go huamhnach
'Bhain saol na gclúracán díom,
Bhí deamhan ag cách á iompar
Mar chruit ar chruiteachána.

Bhí ceol na ndeamhan á sheinm
I solas chíoch na mban,
Ghaibh nóin chun suain ar buile
Is d'éirigh lá ina ghealt.

'Ná taiscigh do chuid fola,'
Do liúigh na deamhain le chéile,

'Do fuairis í le dortadh
Ar iasacht ó na déithe.'

    Do labhair an taise taobh liom,
    Bhí solas ar a leacain,
    Bhí neamhinscneacht 'na bréithre
    Mar bhíonn i méaraibh leanbh –

'Scoir ded chaoi is éist go fóill,
Ná múch do chroí,
Do tharla Críost ar fhear fadó
Is deamhan á chloí.

'D'aibíodh Mac Dé a chaint 'na chroí,
Dob fhile é,
Do ghortaigh focal aibidh Chríost
An deamhan go hae.

'Deamhan a rá, sin deamhan a chloí,
Ní fuirist é
An deamhan a rá le fuil do chroí,
Gach uile bhraon.

'Atá an deamhan anois ad chloí,
Ach abair é
I bhfocail d'fhás i ngort do chroí
Is do thaistil féith.

'Is fanfaidh aingeal óg id chroí
Ag iompar ceoil,
Is chífir aingeal i ngach gnaoi
Go deo na ndeor.'

    Le soiscéal gaoithe d'éisteas,
    Bhí naofacht ar an dtalamh,
    Anseo do thug mo chéadshearc
    Stracfhéachaint dom ar m'anam.

Domhnach Cásca

Domhnach Cásca, mór an náire,
Baineadh tuisle díomsa,
Thiteas faon isteach sa chorp
Is d'éalaigh Críost as m'intinn
Siar isteach sa Bhíobla.

Do múchadh na soilse
Thíos anseo,
Tá an lá ina dhubhoíche
De shíor sa chorp.

Is abhac gach smaoineamh
Thíos anseo,
Tá díon an tí íseal
Istigh sa chorp.

Tá moncaithe im thimpeall
Go tionscalach
Ag piocadh na míola
Dá chéile anseo:

Nuair bheirid ar mhílín
  Ardaíd crobh,
Is slogaid gan mhoill é
  Siar mar dheoch.

Oscail romham, a Pheadair,
Tá an leabhar dúnta im éadan,
Is cuardód Críost go maidin
Istigh ar fud na mbréithre.

Domhnach Cásca, mór an t-áthas,
  D'fhill ar ais chugham m'intinn,
D'oscail Peadar romham an leabhar,
  Is leanas lorg Chríosta
  'Na chúrsa tríd an mBíobla.

Ceol

Do dhún an ceol an t-aer,
  Do chrap an spás máguaird,
Bhí fallaí ceoil gach taobh,
  Is fuaimdhíon os mo chionn.

Bhí leabhar filíochta agam
  Istigh im cheolphríosún,
Filíocht ón mBreatain Bhig
  Nár fháiltigh romham ar dtúis:

Mar do bhrúigh mionchaint an tsaoil
  Thar dhroim gach smaoinimh chugham,
Ach do theasc an ceol an saol
  De radio mo chluas.

Bhí ualach ceoil am bhrú,
  Bhí leabhar filíochta fúm,
Do rugas barróg dhlúth
  Ar véarsa beag banúil,

Is do phógas beol ar bheol
  An beol ón mBreatain Bhig
Is bhí ceol ag brú ar cheol
  Is ceol trí cheol ag cith.

Le fód dem intinn féin,
  Is fód ón mBreatain Bhig
Do chruiceogas an t-aer,
  Dhein both sa cheol istigh.

Oileán agus Oileán Eile

I: Roimh Dhul ar Oileán Bharra Naofa
Tá Sasanach ag iascaireacht sa loch,
Tá an fhírinne rólom ar an oileán,
Ach raghad i measc na gcuimhne agus na gcloch,
Is nífead le mórurraim mo dhá láimh.

Raghad anonn is éistfead san oileán,
Éistfead seal le smaointe smeara naomh
A thiomnaigh Barra Naofa don oileán,
Éistfead leo in inchinn an aeir.

II: Amhras iar nDul ar an Oileán
A Bharra, is aoibhinn liom aoibhneas do thí
Agus caraimse áitreabh do smaointe,
Ach ní feas dom an uaitse na smaointe airím
Mar tá daoscar ar iostas im intinn.

> Le bréithre gan bhrí,
> Le bodhaire na mblian,
> Thuirling clúmh liath
> Ar mo smaointe.

> Mar chloich a cúnlaíodh
> Do hadhlacadh iad,
> Do truailleadh a gclaíomh
> Im intinn.

> Naoimh is leanaí
> A bhogann clúmh liath
> De cheannaithe Chríost
> Nó de smaointe.

Tá an t-aer mar mhéanfuíoch
Ar m'anam 'na luí,
Bhfuil Barra sa ghaoith
Am líonadh?

Tá Barra is na naoimh
Na cianta sa chria
Is dalladh púicín
Ad bhíogadh.

Tá tuirse im chroí
Den bhfocal gan draíocht,
Bíodh dalladh nó diabhal
Am shiabhradh.

III: An Bíogadh

Tá ráflaí naomh san aer máguaird
Is an ghaoth ag fuáil tríd,
Tá paidir sheanda im chuimhne i léig,
Is mo smaointe á séideadh arís.

Anseo ar bhuaile smaointe naomh
Do léim chugham samhail nua,
Do chuala tarcaisne don saol
I nguth an éin bhí 'clagar ceoil.

An ceol a raid sé leis an mbith
Dob shin oileán an éin,
Níl éinne beo nach bhfuair oileán,
Is trua a chás má thréig.

IV: Oileán Gach Éinne

I bhfírinne na haigne
Tá oileán séin,
Is tusa tá ar marthain ann
Is triall fád dhéin,

Ná bíodh ort aon chritheagla
Id láthair féin,
Cé go loiscfidh sé id bheatha tú,
Do thusa féin,

Mar níl ionat ach eascaine
A dúirt an saol,
Níl ionat ach cabaireacht
Ó bhéal go béal:
Cé gur cumadh tú id phaidir gheal
Ar bhéal Mhic Dé
Do scoiltis-se do thusa ceart
Le dúil sa tsaol,
Ach is paidir fós an tusa sin
Ar oileán séin,
A fhan go ciúin ag cogarnach
Ar bheolaibh Dé
Nuair do rincis-se go macnasach
Ar ghob an tsaoil.

V: Oileán Bharra Naofa
Tráthnóna ceathach sa Ghuagán,
Ceo ag creimeadh faille,
Do chuardaíos comhartha ar oileán,
Do fuaireas é i gcrannaibh.

Im thimpeall d'eascair crainn chasfháis,
Dob achrannach a leagan
Do lúbadar 'ngach uile aird
Mar chorp á dhó ina bheatha.

Mar scríbhinn breacaithe ar phár
Is scríbhinn eile trasna air
Chonac geanc is glún is cruit is spág,
Fá dheoidh chonac dealramh Gandhi.

A Bharra, chím i lúib na ngéag
Gur troideadh comhrac aonair
Idir thusa Dé is tusa an tsaoil
Anseo id gheanclainn naofa.

Nuair ghlanann ceo na feola léi
Tig áilleacht ait i rocaibh,
Is féidir cló a mheas ann féin
Sa tsolas cnámhach folamh.

Tá sult na saoirse i gcló na gcrann
Is grá don tsúil a fiaradh,
Tá dúil sa rud tá casta cam
Is gráin don bhog is don díreach.

Is fireann scríbhinn seo na gcrann,
Níl cíoch ná cuar in aon bhall,
Tá manach scríte abhus is thall,
Sé Barra lúb na ngéag seo.

A insint féin ar Fhlaitheas Dé,
Ag sin oileán gach éinne,
An Críost atá ina fhuil ag scéith
An casadh tá ina bhréithre.

Is macasamhail dá oileán féin
Oileán seo Bharra Naofa,
An Críost a bhí ina fhuil ag scéith
An phúcaíocht ait i ngéagaibh.

> VI: *An Sasanach agus Mé Féin*
> Tá Sasanach ag iascaireacht sa loch
> Is measaimse gur beag leis an t-oileán,
> Ach ní feasach dom nach iascaireacht ar loch
> Don Sasanach bheith ionraic ar oileán.
>
> Raghad anonn is fágfad an t-oileán,
> Fágfad slán le smaointe smeara naomh,
> Raghad ag ceilt na fírinne mar chách,
> Raghad anonn ag cabaireacht sa tsaol.

Fan!

Ní mise an mise a chím anseo,
Tá scáthán beag ar an bhfalla,
Ní fhaca ann inné ná inniu
Ach an mhacasamhail nár thaitn liom,
Mise istigh is mise amuigh,
Is an mise ceart as baile.

Tá smaointe i suan im cheann anocht,
A múscailt as níor mhaith liom
Is a gcur ansin i bhfocalriocht
Mar dúbladh mise i ngloine,
Dob eagal liom nárbh iad an sliocht
Dob ansa liom im chine,
Ach fanfaidh mé go dtiocfaidh cruth
Níos taitneamhaí im ghloine.

Na hÓinmhidí

I: Teacht an Chéad Óinmhide
Do sheas an cnoc dodhealfa
Ar tháirseach an tráthnóna,
Bhí solas ar a chloigeann maol
Is solas ar a chlóca,
Is dob ainglí an ainnise
Fé sholas an tráthnóna.

Dhein óinmhid bocht den solaschnoc
'Na sheasamh ar an dtáirseach,
Do chrith a cheann le hóinmhideacht,
Bhí an solas ana-láidir,
Is do chrith a cheann le meadaracht
San eadarsholas álainn.

'Do bhíos-sa anseo fadó, fadó,
In aimsir Ghuaire an Oinigh,
Do chleachtas óinmhideacht lem ló
Is níor pheacaíos riamh 'na coinne,
Do leathadh doirse focal romham,
Is do fáiltíodh romham cois tine.

'Do chaitheas oícheanta ag scoraíocht
Cois tine gach aon fhocail,
Is do chuardaíos féin le solas croí
Tinteánachas gach focail,
Sara bhfágas riamh aon ghin dem bhaois
Fé chúram lucht an fhocail.'

II: An Óigbhean agus na hÓinmhidí
Bhí bean ar an staighre
Chomh faiteach le smaoineamh,
Bhí solas 'na súilibh
Nuair a iompaigh sí aniar chugham,
'Sin solas a leanfad,'
A dúrtsa le díograis,
Thit solas na n-óinmhid
I bhfanntais im intinn.

'Tá óinmhidí Éireann
Go mór liom i bhfeirg
De chionn bheith i ngrá leat
A óigbhean is tú id bheathaidh,
Is do chiúinigh an Bíobla
Im chluasaibh go hobann
Nuair a chanas mo smaointe
I meadaracht do cholla.'

'Dob óinmhidí sinne
I gcaitheamh ár ré,
Bhí rithim na baoise
Ag preabadh inár bhféith,
Is bhí féith na filíochta
Ag cogarnach léi
Sna focail a líonamar
D'ionracas baoth.

'Is dearbh ná facamar
Cat lenár ré
I mbosca na faoistine
Is peaca ar a bhéal,
Ná sagart ag baisteadh
Na luch sa tséipéal,
Is catshagart tusa
A óinmhid le bé.

'An cuimhin leat tráthnóna
Gur thuirling an solas
Ar ainnise óinmhid'
Is sinne ad lorg?
B'shin é an tráthnóna
Gur baisteadh do chloigeann
Le solas na n-óinmhid
I gcreideamh an Fhocail.

'B'shin é an tráthnóna
Gur dhúisigh an Focal
As toirchim eolais
I suainliosaibh leabhar,
As míogarnach cainte
Ar bheolaibh an phobail,
Is gur thosnaigh na meamraim
Sna sléibhtibh ag cogar.

III: An Óigbhean ag Labhairt
'Cuirse do lámh im ucht,
Cuardaigh mo chíoch,
Tháinig an bhánchíoch seo
Trasna na mblian,
Geobhairse féd láimh ag crith
Óinseach na háilleachta,
Cé acu is áille cruth
Focal nó cíoch?'

IV: *Folús*
Tá an seomra folamh anocht
Gan solas gan áilleacht gan bhaois,
Má tá focail ag feitheamh amuigh
Is ag cnagadh ar dhoras mo thí
A deirim leo, 'Deoch níl istigh,'
Tá na hóinmhidí imithe le gaoith,
Is an óigbhean dar thugas síorghean
Níl baint aici siúd le filíocht,

Ach tagadh na focail isteach
Is suídís i bhfoirm véarsaí,
Is má tá óinmhid ar bith ag gabháil thart
'Na thaibhse ar chnocaibh gealaí,
Cá bhfios ná go dtiocfadh sé isteach
Is go ndéanfadh sé muintearthas linn?

Feithideacht

Chonac feithid ins an oíche
A bhí go suarach mion,
Ach do scaoileadh dlí na mbídeach,
An dísbeagadh gan chuimse,
D'at sé go míchuíosach
Is do thréig an feithideacht.

Mar do chorraigh smaoineamh cróga
I gceann an fheithid bhig,
Apocalypse brionglóideach
Mar sheagal d'fhás 'na dhrólainn
Is dob fhathach an scioból sin
In abhac-iothlainn.

Duan an Oireachtais, 1948

Do chuala trí smaointe
   Na hoíche géim bó,
Do thuigeas a brí cheart
   Is níor mhian liom mo bheo,
Bhí an Droimeann Donn Dílis
   I gcoilltibh fé bhrón,
Is teanga ár sinsear
   Fuar marbh go deo.

Isteach ins na coilltibh
   D'éalaíos-sa lem bhrón,
Bhí an Droimeann Donn Dílis
   Sa bhfiobhadh istigh romham,
Le bior a leathadhairce
   Ag tochailt sa bhfód,
Is do chrom sí le haimsir
   Ag adhlacadh seod.

Bhí *Caoineadh Airt uí Laoghaire*
  'Na luí i measc na seod,
Mar shlabhra a dhéanamh,
  Gach lúb líne ceoil,
Bhí na Laoithe Fiannaíochta
  Gan eagar gan ord,
Is *Cúirt an Mheán Oíche*
  Sa draoib caite leo.

'A Dhroimeann Donn Dílis,'
  Ar mise, 'mo bhó,
Do thánag don choill seo
  Nuair chuala do gheoin,
Chun aghaidh thabhairt go ciallmhar
  Gan éinne im chomhair
Ar bhás theanga ár sinsear,
  A Shíoda na mBó.

              Ní mór dom a insint
                Dod Shoilse, mo bhó,
              Gur briste mo chroíse
                Ó íde na seod,
              Ach déanfad duit laoi bheag
                As smior an aosa óig
              I dteanga ár sinsear
              Is mairfidh sí fós.'

              D'iompaigh sí aniar chugham
                Is *An Draighneán* 'na beol
              Is d'fhéachas lom díreach
                I súilibh mo bhó,
              Chonac gile thar ghile,
                An solas i gceol,
              Chonac luisne mo chine
                Is mé ar buile le bród.

Chrom seanchuimhní sinsear
　Im intinn ag dord,
　　Is mé ar snámh go míorúilteach
　　　I súilibh mo bhó,
　　Is gach cuimhne choigríochach
　　　Ba pháirt díom fadó,
　　Do ghlan sí dem intinn
　　　I láthair mo bhó.

　　D'iompaigh sí a haghaidh uaim
　　　Ag adhlacadh seod,
　　Is do chrap na treabhsmaointe
　　　A ghairm mo bhó,
　　Do chrom sí sa pholl dubh
　　　I dteannta na seod,
　　Is nuair labhair sí do chruinnigh
　　　Mo chine ina glór.

　　　　'Ó fan as na coilltibh,
　　　　　Ní mise do bhó,
　　　　Tá tarbh ón iasacht
　　　　　Ag búirthigh sa ród,
　　　　Is maidir led laoi bhig
　　　　　Ní binn liom a nós,
　　　　Do hoileadh thar toinn í,
　　　　　Sín chugham mo chréafóg.

　　　　Ar bhruachaibh abhann Éireann
　　　　　Ag déanamh mo dheor
　　　　Do shuíos-sa nuair chuimhníos
　　　　　Ar Shíoda na mBó,
　　　　Ar Dhoire gan aingeal
　　　　　I measc na nduilleog,
　　　　Is glór Choluim Cille
　　　　　Imithe mar cheo.

Na Blascaodaí

dán nár críochnaíodh

Ólaidh deoch im fhochairse,
A Fheara an oileáin,
Tá uaigneas na mara oraibh
Is uaigneas na mbád,
Níl aon chéile leapa agaibh
Ná leanbh i gcliabhán,
Ach do thugabhair libh an aigne
Chomh húr le leanbhán
A thréigeamar i leabharaibh
Is pairilis ina cnámha,
Is a fhanann linn sa duanaire
Mar a fhanabhair ar oileán
Go dtí go dtagann fonn orainn
Suirí le seanadhán.
Ólaidh deoch im fhochairse,
A Fheara an oileáin,
Tá uaigneas na mara oraibh
Is uaigneas na mbád,
Tá uaigneas na leabhar oraibh
Is uaigneas na ndán,
Is fá thuairim ár seanaigne
Déanam ólachán.

Do thaisteal naomhóga san aer,
Bhí an Blascaod Mór imithe le gaoith,
Do shín Inis Tuaisceart sa spéir
Mar dhealbh shaighdiúra i gcill,
Mar Thaibhse le teampall a éag
Bhí an Tiaracht ag fanacht le Dia.

Níl iontu ach cuimhne ár sean
Ar snámh ins an aer os ár gcionn,
An chuimhne fho-intinneach lean
Ag fo-chogarnach ionainn go ciúin

Is striapachas intinn' 'nár measc
Is eachtrannacht focal máguaird.

Agus d'fhan sí sa ghrinneall mar ghrean
Gur múchadh na focail máguaird,
Is bhí an file gan solas gan dath
Go dtáinig sí chuige ar cuairt,
Ball seirce i bhfocal do las,
Is d'imigh go grinneall athuair.

A dhuine atá ag spealadh an fhéir,
Cad ab áil leatsa ar uachtar talún?
Níl ionat ach cuimhne ó chéin,
Ag baint fhéir sa tsamhlaíocht taoi, monuar,
Is an t-asal ag inbhear led thaobh,
Asal fo-intinneach súd!

Tá tigín fo-intinneach bán
Ag machnamh ar imeall Dhún Chaoin
Inar chuala caint chianda mná
Is í dall ins an leaba le haois,
Is do chonac an fho-intinn ar barr,
Is an bharrintinn deascaithe thíos.

Bhí aigne Pheig mar naomhóig
Ár n-iompar ar dhromchla na dtonn,
Chuaigh ár gcúrintinn éadrom go tóin
Nocht ár bhfo-intinn folaigh mar chúr,
Ghaibh imigéiniúlacht ár nglór,
Bhí mianach macalla sa bhfuaim.

Níor chualamar riamh an macalla
Ach ag filleadh ó chnocaibh i gcéin,
Ach anseo tá an stáisiún forleatha
Óna gcraolann an macalla féin,
Tá imigéiniúlacht 'nár n-aice,
Is aisiompú eagair san aer.

An Bóthar

Do chaitheas an oíche
Ag éisteacht le bóthar,
Ag éisteacht le daoine
Ag síorbhualadh bóthair,
   Ar théid is ea bhíodar,
   Ar théid fhada an bhóthair.

Más daoine mar mise
Bhí thíos ar an mbóthar
Is trua liom a bhfilleadh
Abhaile ón mbóthar,
   An tinteán gan tine
   Is a n-aigne rompu.

Tá smaointe ag taisteal
Ar bhrollach an bhóthair,
Tá daoine ag baile
Is tá smaointe ar an mbóthar,
   Glac smaointe a cailleadh
   As intinn gan phóca.

? ? ? ?

An focal mé gan fuinneamh,
A mhoilligh smaoineamh diaga,
A dhorchaigh an smaoineamh?

An bhfuilimse ad choscadh,
A chime úd, am bhíogadh,
Ar pháirceanna an aoibhnis?

Dá dtabharfainn cead do chos duit
An bhfaighfeá corp le bíogadh
Dob fhairsinge comhlíonadh?

Scaoilfead uaim mo chime,
Is aoibhinn cime a scaoileadh,
Tá drúis sa chimescaoileadh.

Ach cá bhfios dom nach focal mé
A bhrostaigh smaoineamh diaga,
Smaoineamh beag mailíseach,

A thosnaigh thíos in ifreann
In inchinn an diabhail féin,
Is a eitil tríd an oíche,

Mar leamhan ag lorg solais
Go ráinig lampa an Tiarna
Is gur chrom ar Dhia do chiapadh,

Gur glacadh é ar altrom
I measc na bprionsa righin sin,
Smaointe ciúine an Tiarna,

Gur díbríodh é ón dteaghlach
Nuair a chum sé breoiteacht bhídeach
I sláinte na síoraíochta?

Ní scaoilfead uaim mo chime,
Is mise peaca an Tiarna,
Á nochtadh aige i bhfaoistin.

Saoirse

Raghaidh mé síos i measc na ndaoine
De shiúl mo chos,
Is raghaidh mé síos anocht.

Raghaidh mé síos ag lorg daoirse
Ón mbinibshaoirse
Tá ag liú anseo:

Is ceanglód an chonairt smaointe
Tá ag drannadh im thimpeall
San uaigneas:

Is loirgeod an teampall rialta
Bhíonn lán de dhaoine
Ag am fé leith:

Is loirgeod comhluadar daoine
Nár chleacht riamh saoirse,
Ná uaigneas:

Is éistfead leis na scillingsmaointe,
A malartaítear
Mar airgead:

Is bhéarfad gean mo chroí do dhaoine
Nár samhlaíodh riamh leo
Ach macsmaointe.

Ó fanfad libh de ló is d'oíche,
Is beidh mé íseal,
Is beidh me dílis
D'bhur snabsmaointe.

Mar do chuala iad ag fás im intinn,
Ag fás gan chuimse,
Gan mheasarthacht.

Is do thugas gean mo chroí go fíochmhar
Don rud tá srianta,
Do gach macrud:

Don smacht, don reacht, don teampall daoineach,
Don bhfocal bocht coitianta,
Don am fé leith:

Don ab, don chlog, don seirbhíseach,
Don chomparáid fhaitíosach,
Don bheaguchtach:

Don luch, don tomhas, don dreancaid bhídeach,
Don chaibidil, don líne,
Don aibítir:

Don mhórgacht imeachta is tíochta,
Don chearrbhachas istoíche,
Don bheannachtain:

Don bhfeirmeoir ag tomhas na gaoithe
Sa bhfómhar is é ag cuimhneamh
Ar pháirc eornan:

Don chomhthuiscint, don chomh-sheanchuimhne,
Do chomhiompar comhdhaoine,
Don chomh-mhacrud.

Is bheirim fuath anois is choíche
Do imeachtaí na saoirse,
Don neamhspleáchas.

Is atuirseach an intinn
A thit in iomar doimhin na saoirse,
Ní mhaireann cnoc dar chruthaigh Dia ann,
Ach cnoic theibí, sainchnoic shamhlaíochta,
Is bíonn gach cnoc díobh lán de mhianta
Ag dreapadóireacht gan chomhlíonadh,
Níl teora leis an saoirse
Ná le cnoca na samhlaíochta,
Ná níl teora leis na mianta,
Ná faoiseamh
Le fáil.

Éadóchas

Níl éinne sa tuama ag freastal
   Ar chúngracht oíche ná lae,
Ná múscail aon tuama le machnamh,
   Ach umhlaigh do cheann nocht don chré.

Ná glaoigh ar an rud tá imithe,
   Ná hiarr ar an bhfírinne sos,
Ná hiarr ar an Slánaitheoir aisling,
   Níl déirc ins na Flaitheasaibh duit.

Dob aoibhinn leat púca ar an bhfalla,
   Is é déanta de bhréagaibh ó neamh,
Mar ní maith leat an chruit ar do mhachnamh,
   Ach bíse id chruiteachán maith.

Ós aoibhinn leat púca ar an bhfalla
   Dein púca den fhírinne féin,
Inis do chruit ar an bhfalla,
   Is umhlaigh do cheann nocht don chré.

Tá samhail chruiteacháin ar an bhfalla,
　Is muintir an eolais á meas,
　Ach bhí beola á bpógadh i leapacha,
　　Is bodhaire ag séideadh ó neamh;

　Is lámh chaoin i dtuama á lobhadh,
　　Is aisling i dtuama fé leith,
　An aisling dob ansa á lobhadh,
　　I dtuama san intinn istigh;

Is cailís dhubh na hoíche á blaiseadh,
　Is Peadarshuan thall is abhus,
Nuair a thairg Veronica an falla,
　Nuair a lomadh san oíche an chruit.

Tá an dán fite fuaite den tinneas,
　Is muintir an eolais á mheas,
Is eol dóibh an locht is an binneas,
　Ach an tinneas, cé dhéanfaidh a mheas?

Ifreann

Cé go bhfacasa adharca
Chomh cumtha le teampall,
Is óigbhean ag iompar
Banúlachta seanda,
Is suaimhneas na gaibhneachta
Ar mhiotala sleamhaine,
Tá mo smaointe chomh coillte
Le déad fiacal mantach.

Tá fairsingeacht smaointe
San abairt is lú,
Tá síneadh don intinn
I mbeag is i mór,
Tá iascaireacht machnaimh
Sa tsolas máguaird,
Ach tá m'anamsa i gcarcair,
I bpeaca beag duairc.

Teitheadh

Do shiúlas lá sa chathair
　Is mé ag tionlacan mo léin,
Do rinc an cith ar leacaibh
　Mar do rinc mo smaointe féin
　Ar láthairín mo léin.

Do lean an cith sa chathair
　Ag ilsmaoineamh ar an sráid,
Is bhí smaointe ag cith ar m'anam,
　Ach do bheannaíos-sa do chách,
　Is do ghabhas mar aon thar bráid.

Do rugas liom don eaglais
　Mo chnuasach nuapheacaí,
Do chuireas iad in eagar
　Don fhoilsitheoir a bhíonn
　Ag clódhearmhad peacaí.

Ach do lean an cith im chathair,
　Is do lean an cith fém thuaith,
Do scoilteadh slinn ar leacaibh,
　Is do leagadh crainn ar bhuaibh,
　Is do chúb mo chroí ón ruaig.

Ní raibh aon áit le dul aige
　Ach suas i measc na ndeor,
Suas dréimire na hatuirse
　Go Vatican an bhróin,
　Is do thit an cith sa Róimh.

Paidreoireacht

Amuigh ins an oíche
I ndeireadh mo chroí,
Do chuala an sceimhle
Im mhisneach ag guí,
I dteampall mo mhisnigh
Bhí an sceimhle ag guí.

Do chaitheas an oíche
I ndeireadh mo chroí,
Is do chuala mo mhisneach
San sceimhle ag guí,
I dteampall an sceimhle
Mo mhisneach ag guí.

Do scanraigh an sceimhle
An misneach im chroí,
Is do dhúisigh mo mhisneach
As codladh teibí,
Is do mhúnlaigh go hionraic
A cholainn shíoraí
Nuair d'iompair sé an sceimhle
Trí chnocaibh mo chroí.

Is do dhúisigh an sceimhle
As sceimhleacht theibí,
Is do ghnóthaigh sé meáchan
Is colainn shíoraí,
Is do luigh sé a mheáchan
Ar thalamh mo chroí,
Ar ghuaille mo mhisnigh
I ndeireadh mo chroí.

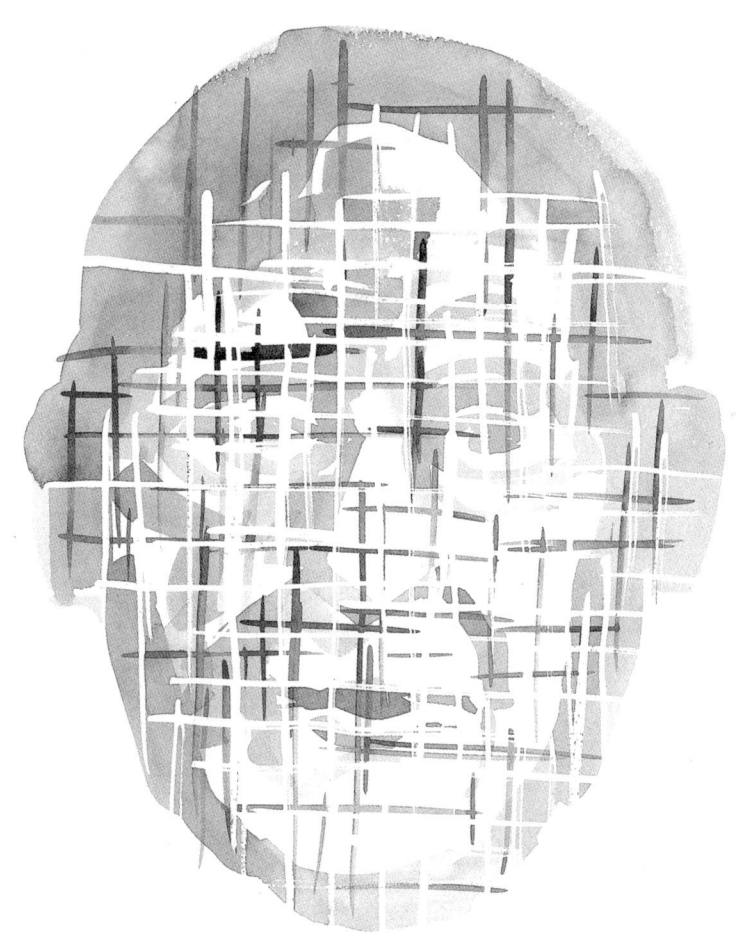

Scagadh

Tá cloigeann scagtha ar mo ghrá,
Is foirm scagtha a corp iomlán,
Mar scag an intinn smaoineamh lán
Ó smaointe ag líonadh is ag trá,
Do scagas ceann is cos mo ghrá,
Is glúin is cíoch is dul a cnámh,
Is labhairt a béil, is intinn ard,
Ó gach a bhfuil díobh siúd ag mná,
   Is nuair bhí sí scagtha d'fhág sí slán,
   Is d'imigh uaim le scagleannán.

Siollabadh

Bhí banaltra in otharlann
  I ngile an tráthnóna,
Is cuisleanna i leapachaibh
  Ag preabarnaigh go tomhaiste,
Do sheas sí os gach leaba
  Agus d'fhan sí seal ag comhaireamh
Is do bhreac sí síos an mheadaracht
  Bhí ag siollabadh ina meoraibh,
Is do shiollaib sí go rithimeach
  Fé dheireadh as an seomra,
Is d'fhág 'na diaidh mar chlaisceadal
  Na cuisleanna ag comhaireamh:
Ansin do leath an tAngelus
  Im-shiollabchrith ar bheolaibh,
Ach do tháinig éag ar Amenibh
  Mar chogarnach sa tseomra:
Do leanadh leis an gcantaireacht
  I mainistir na feola,
Na cuisleanna mar mhanachaibh
  Ag siollabadh na nónta.

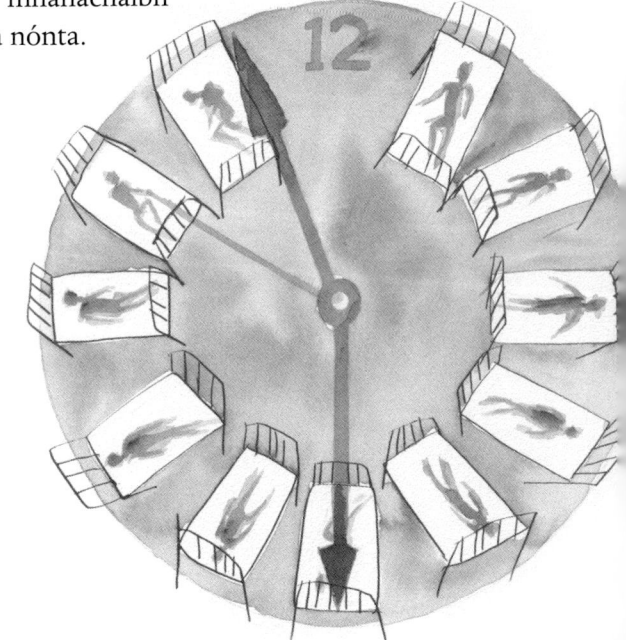

An Silhouette

Tá duine dubh romham ar an mbinse
   Idir mé agus scéal an scannáin,
Is ní fheicimse ceart a bhfuil scríte
   Ná ceart solaschlainne an scannáin,
Ag an duine dubh romham i suíochán.

Ná bearnaigh mo radharc feadh na hoíche,
   A Shilhouette romham i suíochán:
Is aithnid domsa do dhéanamh,
   Is mise tú, a shamhailt am chrá,
Is ná druidfeá as raon an scannáin.

Dán

blúire de dhán fada

Ní loirgím aon véarsa
Ach an véarsa d'fhás go ciúin
Gan timireacht ó éinne,
Chomh dúchasach le glúin,
Chomh héasca i gcrot le glúin.

Mar thoircheas i mbroinn
Bíodh an véarsa seo a chím,
Ní iarraim ach a iompar
Idir an dá linn,

Ná ní mian liom a cheistiú
Mura seoltar chugham a bhrí,
Mar ní liomsa féin a bhrú,
Ná ní liomsa féin a bhrí.

Bhí lámh ag mo sheanathair ann,
Cé nár chleacht sé riamh filíocht,
Ach bhí duanaire bó bainne aige
Sa bhfeirm i gCiarraí.

Is do thuig sé cad ba chrú,
Is do thuig sé cad ba chíoch,
Is do bheirimse mo bhuíochas dó
Gur chuimil sé siní.

Do bhlais a lámh an tsine sin,
Is do thuig a brú ó chroí,
Cneas le cneas do tuigeadh é,
Mar fhear ag luí le mnaoi.

Do fágadh bainne i bhfocalaibh,
An fhírinne i gcích,
Ní neamhionann crú na bhfocal san
Is sniogadh na siní.

An Dilettante

Ag teacht cliathánach chugham san oíche
Atá anocht an uile smaoineamh,
Dob eagal liom a dteacht lom díreach,
Atá mo mhachnamhsa éalaítheach.

Seachain cuilithe gach smaoinimh
Nó slogfar láithreach tú go híochtar,
Is beir go brách ag casadh timpeall,
Ad chasadh i gcasadh na síoraíochta.

Tá cur is cúiteamh na síoraíochta
Ag casadh i gcroí an uile smaoinimh,
Má beirtear ort san ríleáil timpeall
Níl teacht ar ais i ndán duit choíche.

A ghiolla tá cliathánach sínte
Fan ar imeallaibh na smaointe,
Ná léim i gcuilithe impím ort,
Beart drochmhúinte é san aois seo.

Cloisim chugham an guairneán gaoithe
Trí pholl i ndoras na síoraíochta,
Tá faoileann bán ag casadh timpeall,
Tá oileáin mhara is boiscín snaoise,

Tá an fhírinne ag casadh timpeall,
Tá an uile rud ag casadh timpeall,
Tá m'anam bocht ar thaobh na síne,
Scuabfar mé de dhroim na hoíche:

Ní fhuilingím an casadh timpeall,
Cá bhfaighead m'anáil i lár sidhe gaoithe,
Is laige mé ná an cleite is caoile,
Níl toirt ionam in aghaidh na scríbe.

Tá fothain thíos ó fhaobhar na gaoithe,
Tá fothain thíos ó fhaobhar na smaointe,
I dtaobh na fothana den tsíoraíocht,
I dtaobh na fothana den intinn.

In ifreann níl siolla gaoithe,
Tá ifreann ar easpa smaointe,
Is cuirfead m'anam i leataobh ann,
Buidéal fíona agus striapach,

Leabhra maithe nualitríochta,
Éisteacht leis an mBBC seal,
Ceol Beethoven ar cheirníní,
Caint ar chúrsaí polaitíochta,

Cóip iomlán agam den Bhíobla,
Léifead é nuair gheobhad an chaoi air,
Foghlaimeod roinnt teanga ón iasacht,
Is bead liom leat go deireadh scríbe.

BROSNA

A Ghaeilge im Pheannsa

A Ghaeilge im pheannsa,
Do shinsear ar chaillis?
An teanga bhocht thabhartha
Gan sloinne tú, a theanga?

Bhfuil aoinne inár dteannta
Ag triall ar an tobar?
Bhfuil aon fhocal seanda
Ag cur lenár gcogar?

An mbraitheann tú pianta,
Dhá chíoch bhfuilid agat?
Pé cuma ina luífeá,
Arbh aoibhinn an t-amharc?

Pé cluas ar a luífeá
San oíche, pé eagar
Ina dtítfeadh do chuail dheas cnámhsa, a theanga,
'mBeadh fhios ag an easpag, an bráthair, an sagart
Nár chuí dóibh aon mhachnamh rómhór ar do bhallaibh,
Ar eagla an pheaca?

An leatsa na briathra
Nuair a dheinimse peaca?
Nuair is rúnmhar mo chroíse
An tusa a thostann?
An suathadh so i m'intinn,
An mbraitheann tú a shamhail?

Do d'iompar atáimse,
Do mhalairt im chluasaibh,
Ag súrac atáirse
Ón striapach allúrach,
Is sínim chughat smaointe
A ghoideas-sa uaithi,
Do dhealramhsa a chímse,
Is do mhalairt im shúilibh.

Rian na gCos

Anois ba mhaith liom bualadh leis
  Nuair nach féidir é,
Ó dheas a ghabh sé an mhaidin sin,
  Aneas ní thiocfaidh sé.

Maidin ghréine i gCiarraí,
  Ba chlos trithí sruthán
Mar ghlór cailín fé cheilt sa chlaí
  Is mé ag dul thar bráid.

Do shiúil sé liom an mhaidin sin,
  Ár mbeirt ar aon chosán,
Ag siúl ar ais sea tuigeadh dom,
  Chonac rian a chos sa láib.

Ní raibh sé ann gur imigh sé,
  Ní hann go has go brách,
An duine sin 'tá imithe
  Atá sé siúd iomlán.

Mo dhuine bocht 'bhí i bhfara liom,
  Go raibh a anam slán,
Is anam gach a leanfaidh é
  Dem dhaoinese go brách.

Is liomsa anois na cosa sin
   Ar shiúil sé leo sa láib,
   Ach ní mé a bhí i bhfara leis
   Ag éisteacht le sruthán.

Níor saolaíodh mé gur cailleadh é,
   Is mó mé i mise amháin,
   Cailltear le gach focal mé,
   Ach éiríonn le gach anáil,

An mé nua sin a leanann mé
   Go gcomhlíontar mise amháin;
   Scata a scrí' na ranna seo,
   Duine as gach anáil.

Sceo ar sceo do scumhadh iad,
   Na daoine seo dem chroí,
   Ní hionadh gurb ionmhain liom rian
   A gcos sa láib im shlí.

Claustrophobia

In aice an fhíona
Tá coinneal is sceon,
Tá dealbh mo Thiarna
D'réir dealraimh gan chomhacht,
Tá a dtiocfaidh den oíche
Mar shluaite sa chlós,
Tá rialtas na hoíche
Lasmuigh den bhfuinneoig;
Má mhúchann mo choinneal
Ar ball de m'ainneoin
Léimfidh an oíche
Isteach im scamhóig,
Sárófar m'intinn
Is ceapfar dom sceon,
Déanfar díom oíche,
Bead im dhoircheacht bheo:
    Ach má mhaireann mo choinneal
    Aon oíche amháin
    Bead im phoblacht solais
    Go dtiocfaidh an lá.

Seachtain

Dé Luain do thionscain gaoth,
Dé Máirt seordán san aer,
Céadaoin ag caoi ar ghéig,
Déardaoin trí dhaoine shéid,
Dé hAoine ag caoineadh léi,
Dé Sathairn i mbachlainn na ngaoth,
Ach Dé Domhaigh do cheansaigh Mac Dé
Na tonntracha is an ghaoth,
Is bhí an Domhnach séimh,
    Mar bhí lucht Aifrinn ag teacht thar farraige ón mBlascaod.

An Feairín

Ní Ezra Pound atá i gceist anseo, ach duine de na cainteoirí dúchais Gaeilge is binne agus is oilte sa tír. Ní fear beag é ach an oiread ach taibhsítear don té a chíonn é go bhfuil gach ball dá bhaill beag toisc go bhfuil cuma na huaisleachta ar a phearsa.

'Theastódh tigh is gort ón bhfeairín bocht,'
A dúirt an bhean 'dtaobh Pound,
Is bhailigh Pound isteach sa bhfocal di
Is chónaigh ann.

Ní fhaca Pound iomlán go ndúirt sí é,
Is do scrúdaíos é ó bhonn
Fé ghnéithe an teidil sin a bhaist sí air,
Is dar liom gur dheas a rogha.

Tá beirthe ar Phound sa bhfocal sin aici,
Mar feairín is ea Pound,
Do réitigh gach a bhfuil dá chabhail sa bheatha léi,
Ó bharr a chinn go bonn.

Tá buanaíocht age Pound sa bhfocal sin,
Tá suaimhneas aige ann,
Is pé duine eile 'bheidh míshocair inár n'aigne,
Ní mar sin a bheidh Pound.

Guí

Iarraim ar an naofacht imeacht uaim,
Más í a chím,
Is eagal liom tréigean datha,
Is eagal liom brí,
Is bás, dar liom fós, freagairt,
Is beatha fiafraí,
Ragham amú tamall eile,
Is chífeam an tír.

Iarraim filíocht bheag a cheapadh
Anois is arís,
Ní iarraim go ndéanfainn peaca,
Ba bhaoth mo ghuí,
Ná go gcuirfeadh neach eile a anam
I mbaol an dlí:
Dá mbeimis ó bhaol an pheaca
Dob fhearr filíocht.

Ach iarraim go mbraithfinn tarrac
An tsaoil im chroí,
Iarraim go bhfeicfinn trí Phól is a theagasc
An Pól atá thíos
Ag gliúcaíocht aníos tríd an Laidin
Is cealg ina chroí:
    Ós amhlaidh atá, ós amhlaidh ár ngairm,
    Is amhlaidh mo ghuí.

Reo

Maidin sheaca ghabhas amach
Is bhí seál póca romham ar sceach,
Rugas air le cur im phóca
Ach sciorr sé uaim mar bhí sé reoite:
Ní héadach beo a léim óm ghlaic
Ach rud fuair bás aréir ar sceach:
Is siúd ag taighde mé fé m'intinn
Go bhfuaireas macasamhail an ní seo –
   Lá dar phógas bean dem mhuintir
   Is í ina cónra reoite, sínte.

Na Leamhain

Fuaim ag leamhan leochaileach, iompó leathanaigh,
Bascadh mionsciathán,
Oíche fhómhair i seomra na leapa, tá
Rud leochaileach á chrá.

Oíche eile i dtaibhreamh bhraitheas-sa
Peidhre leamhan-sciathán,
Mar sciatháin aingil iad le fairsingeacht
Is bhíodar leochaileach mar mhná.

Dob é mo chúram lámh a leagadh orthu
Is gan ligean leo chun fáin,
Ach iad a shealbhú gan sárú tearmainn
Is iad a thabhairt chun aoibhnis iomlán.

Ach dhoirteas-sa an púdar beannaithe
'Bhí spréite ar gach sciathán,
Is tuigeadh dom go rabhas gan uimhreacha,
Gan uimhreacha na fearúlachta go brách.

Is shiúil na deich n-uimhreacha as an mearbhall
Is ba mhó ná riamh a n-údarás,
Is ba chlos ciníocha ag plé le huimhreacha,
Is cách ba chlos ach mise amháin.

Fuaim ag leamhan leochaileach, iompó leathanaigh,
Creachadh leamhan-scannán,
Oíche fhómhair is na leamhain ag eiteallaigh
Mór mo bheann ar a mion-rírá.

Múscail do Mhisneach

Níl sé rothábhachtach mar níl ann ach corp:
Ach dá mb'é d'anam a bheadh breoite ort
Gach rud a ghinfeá, bheadh máchail air
Mar caithfir géilleadh don éasc ionat:
Sin dalladh púicín is ceileatram,
Is ní mór duit taisteal, is an bháisteach tiubh,
Trí cheo, le m'ais-se, go ngealfaidh cnoic,
Is go ngealfaidh d'aigne ní ghealfaid san:
Ach feighil do mhaitheas-sa, is chífir uait
Rón sa bhfarraige mar impire,
Is é go neafaiseach ag féachaint thort
(Mar beidh an eaglais ag guí ar do shon):
Saibhreas geallaim duit más iarla tú,
Gluaiseacht farraige is stad na gcnoc,
Scaoil na doruithe, a mhairnéalaigh,
Tá iasc go fairsing ann is íocshláinte:
Scaipfidh ceileatram is gheobhair anso
Boladh na feamnaí is sobal-ghol,
Éireoidh sobal as an bhfarraige,
Sobal glégeal is éanlaithe;
Scaoil go toilteanach do mheabhair le sruth,
Mar caithfir géilleadh don mhuir ionat:
Imeoidh deisireacht cainte anseo,
Is nochtfaidh focail as do smaointese,
Mar a nochtann fochais as an bhfarraige:
Oileáin mhara tabhair id dhá shúil leat,
Cuir chughat Beiginis is an Seanduine.
Ach más comhartha cille atá ag cur tinnis ort,
Tuigse eadrainn gurb iarlacht san.

In Absentia

Is beag má tá aoinne ann,
Is mó go mór 'tá as,
Ní ar bheith ann
Ár n'aire, ár mbeann,
    Ach ar gan bheith ann a bhrath.

Dá mba nár leamh bheith ann
Cad ba ghá am a mheilt?
Cén fáth an ólfaí leann
Ach chun bheith de shíor amuigh,
    Chun gan bheith riamh istigh?

Pé rud a bhfanfair leis
Ná fan leat féin go brách,
Pé rud a bhfeicfirse
Ná feic tú féin thar chách,
    Bheith dall ort féin is fearr.

Cad is fiú clú is cáil?
Cé bheadh ag éisteacht leat?
Cé thabharfadh breith ar dhán
Is iad go léir amuigh
Ach amháin Suibhne Geilt?

Muintir an tsaoil ag rith,
Cách ag rith uaidh féin,
Muintir an tsaoil amuigh,
Bhfuil aoinne istigh ach naomh
Ar thinteán tréigthe Dé?

Má deir aoinne leat
'Tá sé ar chúl an tí,'
Ná tabhair aon toradh air,
Bheadh fhios agat fé thrí,

Is fós má deirtear leat
'Tá sé sa raingiléis,'
Ná himighse amach
Á chuardach feadh an lae;

Níl sé thall ná abhus,
Níl sé in aon áit,
Níl sé ach amuigh,
Is beidh sé amuigh gan fáil

Go dtí go dtiocfaidh fios
Mar dhuilliúr ar chrann ag fás,
Ansin sea a bheidh sé istigh,
Is beidh a fhios ag cách.

An Moladh

Is ansin a d'fhiafraigh cách de Dhallán Forcaill .i. d'ardollamh na hÉireann an raibh moladh aige do Cholm Cille. A dúirt Dallán go raibh agus do thionscain sé Colm Cille a mholadh. 'Tabhairse domsa an uair ataoi i do bheatha, luach an mholta,' arsa Dallán. 'Do bhéarfad neamh do gach aon 'mheabhrós an moladh,' arsa Colm Cille. – 'Beatha Cholm Chille,' Mánas Ó Domhnaill

Mol Dia, a fhile,
Is tabharfar neamh don té
'Mheabhróidh id dhiaidh do mholadh,
Más moladh fónta é.

Is meabhraigh féin an moladh
'Thug Dallán Forcaill féin
Do Cholm Cille in Ulaidh,
Is gheobhairse flaitheas Dé.

Is ait leat sin, a fhile,
Dar leat gur dána an té
A gheallfadh neamh don duine
'Mheabhródh t'fhilíocht id dhéidh:

Ach tuig nach tusa, a fhile,
A luathaigh línte ón spéir,
Ná a chuir do chaint trí thine
Is ceol na n-aingeal léi,

Ach gur tharlaís féin ar mhachnamh
'Bhí ag gabháil trí intinn Dé,
Is do bhís is É, a fhile,
Gan choinne ar aon-choiscéim.

Seanmóintí

Sagart ag scréachaigh gach Domhnach,
Glór i gcóitín ins an teampall,
Seanmóintí iad gan amhras,
Fothram focal le clos.

Caithfidh a shamhail bheith ann leis,
Ó tharla sé caithfidh sé labhairt linn,
Fuair sé a ionad sa teampall,
I lár an phobail istigh.

Pé acu searbh nó binn linn a chlampar
Bhí sé le bheith ann d'réir dealraimh,
Ceapadh ó thosach an domhain dó
Go mbeadh a thamall aige.

Cé nach ceolmhaire é ná an gandal,
Cé nár mheasa linn éisteacht le srann muc,
Is binne ná téada ag labhairt é,
Mar tá cláirseach an Mháistir aige.

A Theanga Seo Leath-Liom

Cé cheangail ceangal eadrainn,
A theanga seo leath-liom?
Muran lán-liom tú cén tairbhe
Bheith easnamhach id bhun?

Tá teanga eile in aice leat
Is deir sí linn 'Bí liom,'
Do ráinig dúinn bheith eadraibh,
Is is deighilte sinn ó shin.

Ní mór dúinn dul in aice leat
Go sloigfí sinn ionat
Nó goidfear uainn do thearmann,
Is goidfear uaitse sinn.

Ní mheileann riamh leath-aigne,
Caithfeam dul ionat;
Cé nach bog féd chuid a bhraithim tú,
A theanga seo leath-liom.

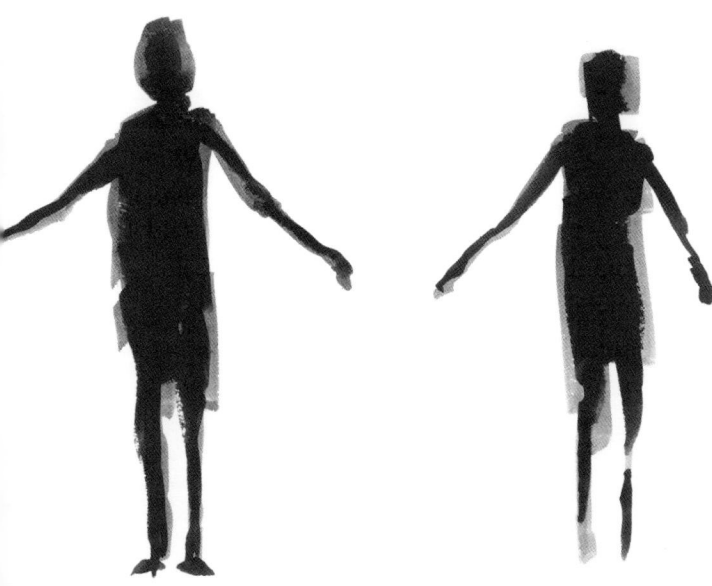

Fiabhras

Tá sléibhte na leapa mós ard,
Tá breoiteacht 'na brothall 'na lár,
Is fada an t-aistear urlár,
  Is na mílte is na mílte i gcéin
  Tá suí agus seasamh sa saol.

Atáimid i gceantar bráillín,
Ar éigean más cuimhin linn cathaoir,
  Ach bhí tráth sar ba mhachaire sinn,
  In aimsir choisíochta fadó,
  Go mbímis chomh hard le fuinneog.

Tá pictiúir ar an bhfalla ag at,
Tá an fráma imithe ina lacht,
Ceal creidimh ní féidir é bhac,
  Tá nithe ag druidim fém dhéin,
  Is braithim ag titim an saol.

Tá ceantar ag taisteal ón spéir,
Tá comharsanacht suite ar mo mhéar,
Dob fhuirist dom breith ar shéipéal,
  Tá ba ar an mbóthar ó thuaidh,
  Is níl ba na síoraíochta chomh ciúin.

Daoirse

Dá labhródh bean leat íseal
Ná hísleofá do ghuth?
Dá mbeadh an bhean réasúnta
Ná réasúnófaí tú?
Ach gheobhair san ísleacht uaisleacht
Mar uaisleofar do ghuth,
Is tabharfar sa réasúntacht
Míréasúnú duit:
Dá mhéad a ghéillfir uaitse
Is ea is lú éileofar ort,
Ná tabhair don daoirse diúltamh
Is tabharfar saoirse duit,
Mar domhan is ea an tsaoirse,
Is tír gach daoirse inti,
Is níl laistigh d'aon daoirse
Ach saoirse ón daoirse sin.

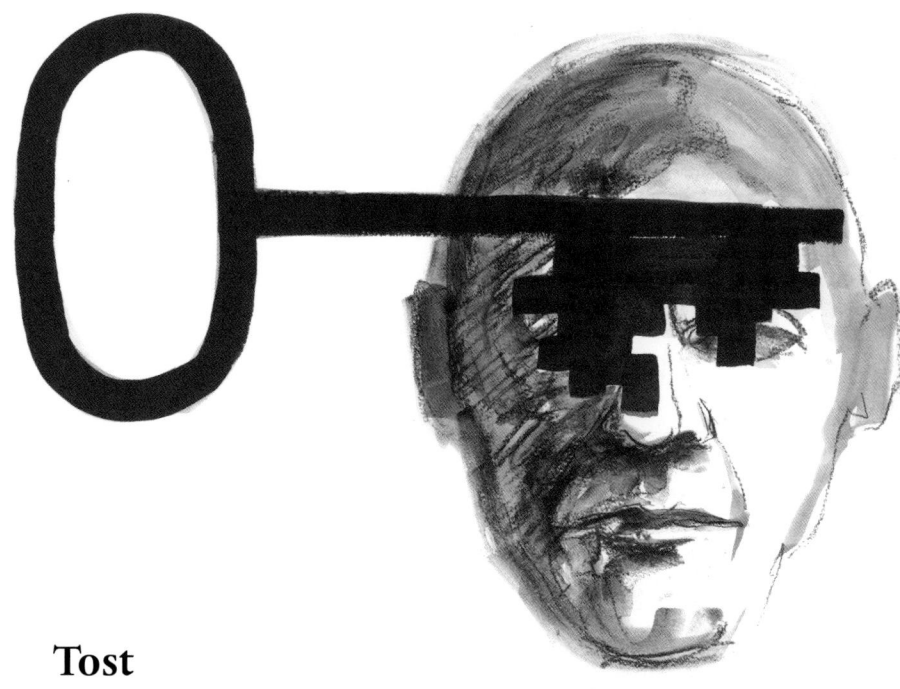

Tost

Is fada mise amuigh,
Is fada mé im thost,
Is nach fios nach amhlaidh bheidh go deireadh scríbe;
Ní cuimhin liom go baileach,
Dá mhéad a mhachnaím air,
Cár leagas uaim an eochair oíche ghaoithe:
Tá m'aigne fé ghlas,
Níl agam cead isteach
Le go ríordánóinn an farasbarr neamhscríte,
Gach barra taoide ait
Dár chraol an mhuir isteach
Ó bhíos-sa féin go deireanach i m'intinn.
Ná bain le dul isteach,
Tá an eochair in áit mhaith,
B'é gur folamh bheadh do thearmann beag iata;
Cuir as do cheann ar fad
An fharraige is a slad,
Is bí sásta leis an aigne neamhscríte.

Tulyar

A Tulyar, a Stail
A cheannaigh De Valéra ón Aga Khan,
Tír mhór geanmnaíochta tír mo shean,
Tír maighdean, tír ab,
Tír saltar is soiscéal,
Is bráithre bochta ar mhórán léinn,
A Tulyar, sin stair:
Ach cogar, a Stail,
Nach dóigh leat é bheith ait
Ceardaí ded cheird, ded chlú, ded chleacht,
Ded chumas breise thar gach each,
A theacht
Ag cleachtadh a cheirde anseo inár measc
I dtír na n-ollamh, tír na naomh,
An tír a bheannaigh Pádraig féin?
Ní hé gur peaca cumasc each,
Ach suathadh síl ab ea do theacht;
Ní soiscéal Phádraig thugais leat
Ach intinn eile
'Thuigfeadh Eisirt;
Is lú de pheaca peaca, a Stail,
Tú bheith i mbun taithí inár measc,
Id stail phoiblí, lán-oifigiúil,
Thar ceann an rialtais ag feidhmiú.
   An é go rabhamar fachta seasc,
   Gur theastaigh sampla stail' inár measc?
   Nó an rabhamar dulta eiriciúil
   Mura ndéanfaí tusa oifigiúil?

An Lacha

Maith is eol dúinn scéal na lachan,
Éan nár gealladh riamh di
Leabhaireacht coisíochta:
Dúchas di bheith tuisleach
Is gluaiseacht léi ainspianta
Anonn is anall gan rithim,
Is í ag marcaíocht ar a proimpe:
Ba dhóigh leat ar a misneach
Gur seo chughat an dán díreach
Nuair is léir do lucht na tuigse
Gur dícheall di vers libre.

Colm

Do Cholm, mac Shéamais Uí Mhurchú, dealbhóir

Buanghol, a Choilm, do cheol,
   Ach oireann an deor do d'aois,
Taoi bliain ar an saol anocht,
   Is do thugais le gol trí mhí

A Choilm cheansa, fáth do bhróin
   Lig liomsa, d'athair baistí;
Do laghad féin, an é is cúis leis,
   Do mhionsamhail féin nuair ná facaís?

Cé taoi mion, a mhic go fóill,
   Fairsingeoir le himeacht blian,
Ní hionann is an dream docht
   A chum d'athair as cloch is cria.

Ní náir duit bheith mion go fóill,
   Ní féidir roimh am fearú,
Bíonn cion ar an mion i dtoirt,
   Don mion i meon is gnáth fuath.

An Gealt

Tá ag géarú ar a fuadar ó iarnóin,
Is go bpléascfaidh sí a haigne géaróidh,
Tá an seomra ina timpeall ag géarú maille léi,
Is na freagraí atá faighte aici, táid géaraithe dá réir,
Ach cuirfear í go teach na ngealt le hamhscarnach an lae,
Chun go maolófaí an seomra is na freagraí is í féin.

Bagairt na Marbh

Tá an seomra teann le bagairt na marbh,
Ní féidir a bhfearg a shásamh,
Níl duine beo faram,
Ach braithim í i m'aice
D'ainneoin í bheith curtha le ráithe;
Níl torann dá ndeinim
Ná cuireann í ar tinneall,
I riochtaibh teacht dúisithe im láthair,
Bí ciúin, is ná cloiseadh an té atá nua-mharbh,
Nua-thitithe i néalaibh an bháis tú.

Gailearaí

Shiúlas i measc na bpearsantacht
'Bhí adhlactha i m'aigne,
Iad chomh slán i gcló is ba mhaith leat iad
Laistigh de phlaosc an dearmaid,
Iad 'na ndaoine ansiúd i ngan fhios duit
Ag feitheamh leis an tagairt úd
'Dhúiseodh arís chun beatha iad:
Led mhachnamh féin is eagal liom
Gur deacair puinn den chuideachta
A thúirt ar ais chun aithne,
Ach ba mhaith leat iad a theasargan
Sula gcruadh an plaosc ar fad orthu,
Is ná beadh fanta id ghailearaí
Ach frámaí caoch' do-aitheanta.

An Dá Ghuth

A chumadóir filíochta,
Is duine tú chomh maith –
Mórthimpeall ort tá daoine
Is taoi istigh ina measc,
Is nuair a bheir ag labhairt le daoine
Labharfair as a measc,
Is labharfair claon le daoine
Mar a labhrann daoine leat.

A dhuine atá i measc daoine,
Is file tú chomh maith,
Taoi thíos fé bhun do dhaoine,
Taoi os a gcionn ar fad,
Is nuair a bheir ag labhairt le daoine
Ní labharfair as a measc,
Ná ní tusa labharfaidh puinn leo
Ach d'eaglais ionat.

Soiléireacht

Oíche dí ab ea an oíche aréir,
Is le teacht na maidne chonac an domhan soiléir,
Domhan chomh sciomartha ní cuimhin liom é
Leis an domhan seo ar imeallaibh ár ndí aréir.

Focal ann ní raibh doiléir,
Ná baitheas cinn ná baic muinéil,
Anseo is buidéalaí 'bhí fós buidéal,
Bhí gach ní nite ina nádúr féin.

Ba léir anois dom conas mar bhí,
Is cén scéala é age cách,
Is do chonac dom féin lem shúilibh cinn
Don chéad uair riamh cén fáth.

Catchollú

Is breá leis an gcat a corp,
Is aoibhinn léi é shearradh,
Nuair a shearr sí í féin anocht
Do tharla cait 'na gceathaibh.

Téann sí ó chat go cat
Á ndúiseacht as a ballaibh,
Fé mar nár chat í ach roth
De chait ag teacht is ag imeacht.

Í féin atá sí ag rá,
Is doirteann sí slua arb ea í
Nuair a shearrann an t-iomlán,
Á comhaireamh féin le gaisce.

Tá na fichidí catchollú
Feicthe agamsa anocht,
Ach ní fichidí ach milliúin
'Tá le searradh fós as a corp.

Éisteacht Chúng

Tá an slua bodhar don teanga Ghaeilge
A chloisim ón Raidió á labhairt anocht,
Is táimse iata in éisteacht chúng
I lár na bodhaire Béarla istigh:
Éisteacht na bodhaire is í is leithne,
Is léi gach cluas,
Cluas na tuatha, cluas na cléire,
Níl sí gan seilbh orainne,
Cluas an tarna héisteacht:
Bhfuil mo leithéid thart,
Éistithe ar fad?
Bodhaire ag éisteacht,
Bailbhe ag labhairt,
Urlabhra balbh
Is éisteacht bodhar:
    Is mó éag a fuair an teanga seo againne,
    Ach go brách ní bhfaighidh sí éag ionainne,
    Cé minic í ar fionraí
    Dár lomdhearg ainneona.

Daoine

Imreoir do dhuine anseo
Agus imreoir do dhuine ansiúd,
Taoi scaipithe id dhaoine,
Beir ag athrú choíche
Go n-ídeoir gach duine atá cúl
Le cine, is go n-imreoir an duine is dual.

Conas?

Conas go ndeirimid an rud ná rabhamar chun a rá?
Conas go leanaimid an múnla ceanann céanna cnámh?
Conas nach féidir linn a mhalairt d'abairt riamh a rá,
Fé mar ba chreatlach an teanga agus sinne smior na gcnámh?

Fill Arís

Fág Gleann na nGealt thoir,
Is a bhfuil d'aois seo ár dTiarna i d'fhuil,
Dún d'intinn ar ar tharla
Ó buaileadh Cath Chionn tSáile,
Is ón uair go bhfuil an t-ualach trom
Is an bóthar fada, bain ded mheabhair
Srathar shibhialtacht an Bhéarla,
Shelley, Keats is Shakespeare:
Fill arís ar do chuid,
Nigh d'intinn is nigh
Do theanga a chuaigh ceangailte i gcomhréiribh
'Bhí bunoscionn le d'éirim:
Dein d'fhaoistin is dein
Síocháin led ghiniúin féinig
Is led thigh-se féin is ná tréig iad,
Ní dual do neach a thigh ná a threabh a thréigean.
Téir faobhar na faille siar tráthnóna gréine go Corca Dhuibhne,
Is chífir thiar ag bun na spéire ag ráthaíocht ann
An Uimhir Dhé, is an Modh Foshuiteach,
Is an tuiseal gairmeach ar bhéalaibh daoine:
    Sin é do dhoras,
    Dún Chaoin fé sholas an tráthnóna,
    Buail is osclófar
    D'intinn féin is do chló ceart.

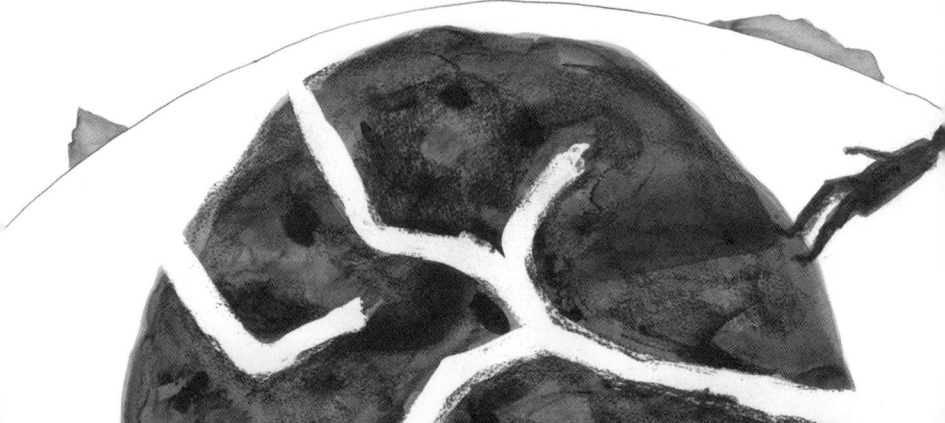

LÍNTE LIOMBÓ

Línte Liombó

Mo ghreidhin iad na línte
A chaitheas a dhiúltú
Nuair phreabadar chun tosaigh
Le bheith ina gcuid de dhán:
Tá a malairt anois ceapaithe
In oifig go postúil,
Is gan ionad don dream diúltaithe
Im chruinnese go bráth.
Cá bhfios dom nárbh iadsan
Dob fhearr a dhéanfadh cúis,
Dob fhearr a chuirfeadh mise
Ins an rud a bhí le rá?
Ach ambasadóirí eile
A sheolas uaim chun siúil,
Fé mar ná beadh ina malairt
Ach aicme gan aird.
Dá nglacfaí leis na línte sin
Dob éigean a dhiúltú,
Cén mise nó frithmhise
A chífí im scathán?

Súile Donna

Is léi na súile donna so
A chím i bplaosc a mic,
Ba theangmháil le háilleacht é,
A súile a thuirlingt ort;

Ba theangmháil phribhléideach é,
Lena meabhair is lena corp,
Is míle bliain ba ghearr leat é,
Is iad ag féachaint ort.

Na súile sin gurbh ise iad,
Is ait liom iad aige,
Is náir liom aghaidh a thabhairt uirthi,
Ó tharla sí i bhfear.

Nuair b'ionann iad is ise dhom,
Is beag a shíleas-sa
Go bhfireannódh na súile sin
A labhradh baineann liom.

Cá bhfaighfí údar mearbhaill
Ba mheasa ná é seo?
An gcaithfeam malairt agallaimh
A chleachtadh leo anois?

Ní hí is túisce a bhreathnaigh leo,
Ach an oiread lena mac,
Ná ní hé an duine deireanach
A chaithfidh iad dar liom.

Ab shin a bhfuil de shíoraíocht ann,
Go maireann smut dár mblas,
Trí bhaineannú is fireannú,
Ón máthair go dtí an mac?

Ceol Ceantair

Chuala sé an ceol i gcainteanna Dhún Chaoin,
Ní hiad na focail ach an fonn
A ghabhann trí bhlas is fuaimeanna na Mumhan,
An ceol a chloiseann an strainséir;
Ceol ceantair
Ná cloiseann lucht a labhartha,
Ceol nár chualasa riamh,
Toisc a ghiorracht dom is bhí,
Is mé bheith ar adhastar ag an mbrí.

Ceol a cloistear fós sa Mhumhain,
Fiú in áiteanna 'nar tréigeadh an chanúint.

Tionlacan na nÓinseach

Is deacair bheith id aonar id aonar,
Tá an ghairm ró-ard, róchúng,
Is cuireadh na gealtachta ag sméideadh,
Is fusa bheith id aonar measc slua:
Pé áit go mbeir beir id aonar,
Ad thionlacan féinig go huaigh:
Cár mhiste dhuit tionlacan éigin
Seach do thionlacan féinig gan trua:
Ba chuideachta tuargaint an éithigh
Ar bhóthar na fírinne id chluais.

Sa Séipéal Dom

Éist lem achainí is cas ar ais
An smaoineamh chailleas ar mo shlí isteach,
Bhí rún i dtaisce ann dob fhiú rud maith,
Is mura bhfaighead athsheilbh air, dar liom gur creach.
Tá a cheol ó shin im chroí.

Níorbh fhás aonoíche é, cé thuirling pras,
Ach fios a scagadh as mo shaol ar fad;
Dá bhfaighinn athsheilbh air do gheobhainnse gad
A chuibhreodh daingean é, nó ba bheag mo rath.
Tá luas a cheoil im chroí.

Sméidfeadh ar fhocail leis an sméideadh ceart,
Ní fhreagródh é ach an t-acmhainneach,
Bhraithfeadh a shamhail féin le braistint bheacht,
Is bhriathrófaí é ina dhíol de chneas.
Do thit a dhrúcht im chroí.

A Thiarna iarraim ort é chasadh ar ais,
An smaoineamh chailleas ar mo shlí isteach.
Tá buairt a cheoil im chroí.

Cloch Scáil

Géaga nocht ar an dtrá,
Boilg is cosa ag fás
As spota de bhríste snámha,
Tráthnóna buí sa bhFómhar –

An cruth daonna á admháil,
Gan ceilt ach ar imleacán,
Is an ilfhaoistin uile bán,
Tráthnóna buí sa bhFómhar –

Ach leanbh cneasdubh amháin,
Drithle na cloiche scáil,
Níos gile ná a raibh ann de bhán,
Tráthnóna buí sa bhFómhar.

Tá Pearsa Imithe as an Saol

Tá pearsa imithe as an saol,
Do mhúch sí ar maidin ar a cúig,
D'imigh an luisne láithreach as a grua,
Is thosnaigh a ceannaithe ag marmarú,

Fé mar go bhfaighidís ón gCruthaitheoir ordú,
Seasamh ar aire agus bheith poiblí;
Do deineadh den uile cheann acu saighdiúir,
Is do leathnaigh an áilleacht ar a bhfuaid.

Do foilsíodh an cnuasach so is déanaí
De cheannaithe na mná so ar an mbórd,
Do casadh a creatlach in aibíd,
Is bhí fuacht na heagarthóireacht' ar an ngnó.

Chím ag déanamh ar na flaithis í mar bheadh sí dulta amú,
Í dallta ag an solas, an saol so fós ina súil,
Í in achrann i bhfocail atá anois ag dul ar gcúl,
An tsíoraíocht ina seilbh is í mall á sealbhú.

Bean Chaol

Bean chaol suite ar chlaí,
Is mé ag gabháil siar tráthnóna,
Bheannaíos di, is bheannaigh sí,
Is gan eadrainn beirt ach orlaí.

Dá ghiorracht dom í níor shia uaim
Conán úd maol Mac Mórna,
Ná gin ar bith den dream aduain
Gur áitreabh buan dóibh an scéaltóireacht.

Níl fáil uirthi le labhairt léi,
Is í ceilte i bhfocail reoite;
Má mhothaigh riamh a haigne
Ag éirí uirthi, ní heol é.

Do ghéilleas di is do fhreagras í
Sa bhéarlagair is nós léi,
Á thabhairt le fios nach fairsinge
Ná an t-ainmhí ár sórtne.

Aistriú

Aistrigh a cló cait
Id aigne go bean,
Agus chífidh tú
Go mba bhreá an bhean í
Dá mbeifeá id chat fireann.

Toil

Chaitheas tarlú
Níorbh fhéidir é sheachaint,
Ná bíodh an milleán
Ormsa dá dheasca.

Ó leag Ádhamh a shúil
Ar Éabha sa tseanreacht,
Bhí deireadh go deo
Le mise a sheachaint.

Ó deineadh botún
I ngairdín úd Pharthais,
Do leath an truailliú
Go dtarla mo shamhailse.

B'fhearr liomsa féin,
Ach níor deineadh rud orm,
Fanúint im neamhní,
Ná iompáil im dhuine.

Cé fhéadfadh mé chlos
Le géilleadh dom thoilse,
Is gan ionam ach rud
Ná raibh ina rud fós?

Cé dúirt go raibh toil
Ag smut de neamhní?
Níl ina thoil ach neamhthoil,
Is neamhní a ní.

Ach ní hionann neamhrud
Ná saolófaí choíche
Is neamhrud a saolófaí
Tar éis tréimhse neamhníochta.

An rabhas-sa le brath
Inar gineadh dem shinsear?
An rabhas-sa im rud
Sular gineadh i mbroinn mé?

An rabhas-sa im ní riamh
Gan tús liom ná deireadh?
An mairfeadsa choíche
Ag malartú seithe?

Do toilíodh mé le toil
Na Toile a thoiligh
Ar toilíodh riamh de thoil,
Is a dtoileofar de thola,

Ar neamhchead dom thoil;
Ní féidir diúltú,
Má dhiúltaíonn do thoil
Is toiliú diúltú.

Má deirimse rud,
Is nach mise a deir é,
Ní mé bhíonn le clos,
Mar ní liom guth na Toile.

    Nuair a thogrann sé labhairt,
    An guth so na Toile,
    Bíonn a labharfaidh is ar labhair
    Sa domhan, ag labhairt fairis.

    Nuair a smaoinítear tríom,
    Is léi siúd an machnamh,
    Sé mo ghnó é thabhairt slán,
    Mar a saolófaí leanbh.

Níl ionam ach ball
De chorp san mo shinsir,
Is mairfidh an corp
Nuair a bheidh an ball cloíte.

    Níl ionam ach gníomh
    A thoiligh Toil Sheanda,
    Is gníomhóidh sí léi
    Nuair a bheadsa ar thaobh teampaill.

Ní féidir é leigheas,
Tá an anachain déanta,
Is caithfear cur suas
Lem leithéidse measc daoine.

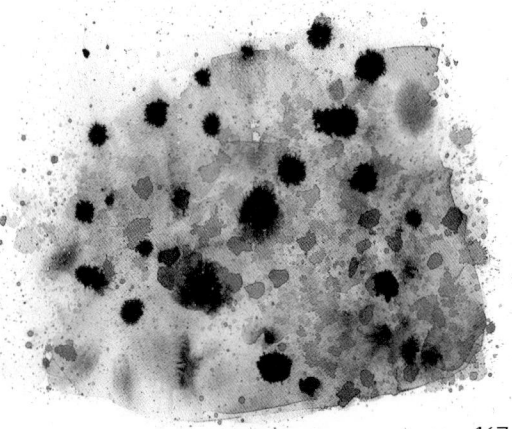

Tar Éis Dom É Chur go Tigh na nGadhar

Ná bí am buaireamh a ghadhair,
Fáilte tú chuireas den saol,
Ba tú an fháilte a bhíodh fial romham,
Cé mé chuir deireadh led ré.

Taoi id aonar anois a ghadhair,
Más gadhar fós tú is nach scáil,
I measc do namhad gan trua duit,
Ag fanacht le goin do bháis.

Bhí do chroí gadhair fial, mór,
Ní raibh de mhaoin agat ach grá,
An dream a ghráis d'fheall ort,
Is gan ionat, monuar, ach gadhar fáin.

Bhí béasa gadhair tí agat,
Is támáilteacht gadhair fháin,
Níl ded ghrá rothaig sa mbith anocht
Ach a bhfuil im chroí ded chrá.

Cló

Gach rud dá dtagann,
imíonn is ath-thagann,
is filleann arís ár gcéadghlóire;

is deineann fear aibidh
mar a dhein sé ina leanbh,
níl i ndán ach athnuachan ár n-óige.

Nuair a saolaítear leanbh
níl dul aige thairis,
saolaítear an méid a saolófar.

Imímid as amharc
uainn féin gach re tamall,
ag tnúth lenár malairt inár gcló féin,

ach fillimid folamh
i ndeireadh gach aistir,
is séala síoraí ár gcéad chló orainn.

Oíche Ghealaí

Dá scamallaí an spéir anocht,
Tá ré lán
Ina súil solais
Ag folcadh:
Tá a hionad sa spéir ina chogadh –
Tá cogadh an tsolais fógartha ar dhoircheacht –
Is chomh fada lena cumas,
Tá eirleach so an tsolais
Ag leathadh is ag nochtadh.
San áit nach solas ná doircheacht,
Tá sléibhte fairsinge,
Is réimsí farraige,
Is dul fé gréine i gcéin,
Ite ag an solas as an doircheacht.
Tá mianach na tubaiste
In aoibhneas dofhulaingthe
Na loganna solais seo.
B'fhearr linn folaithe
An áilleacht obann so,
Níl slí i mbrollach di,
Níl cruth nach cumas di,
Múch i scamall í,
Is ragham don tigh.

Solas

Do thit an oíche diaidh ar ndiaidh
Go dtí gur mhúch an uile rud,
Do dhein comhdhubh de dhubh is geal,
Do chaill cathaoireacha a gcruth,
Do chuaigh an seomra ar ceal,
Do shloig an dubh an uile chruth:
I mbroinn na doircheachta tá domhan,
Is féidir liom é bhrath lem láimh,
Níl fanta ach a chuimhne agam,
Is leisc lem chuimhne é athchruthú.

Do lasas solas is de gheit
Do saolaíodh seomra im shúil,
Do phreab cathaoireacha as dubh,
Do las mo mhéaranna ina riocht,
Is do chruthaigh solas domhan.

Do mhúchas solas is do mhúch
Mo dhá láimh is a raibh
Le feiscint roimis sin den mbith.

Nuair a bheidh mo sholas múchta ar fad
Fágfad domhan im dhiaidh 'na riocht,
Ach fágfad é sa doircheacht.

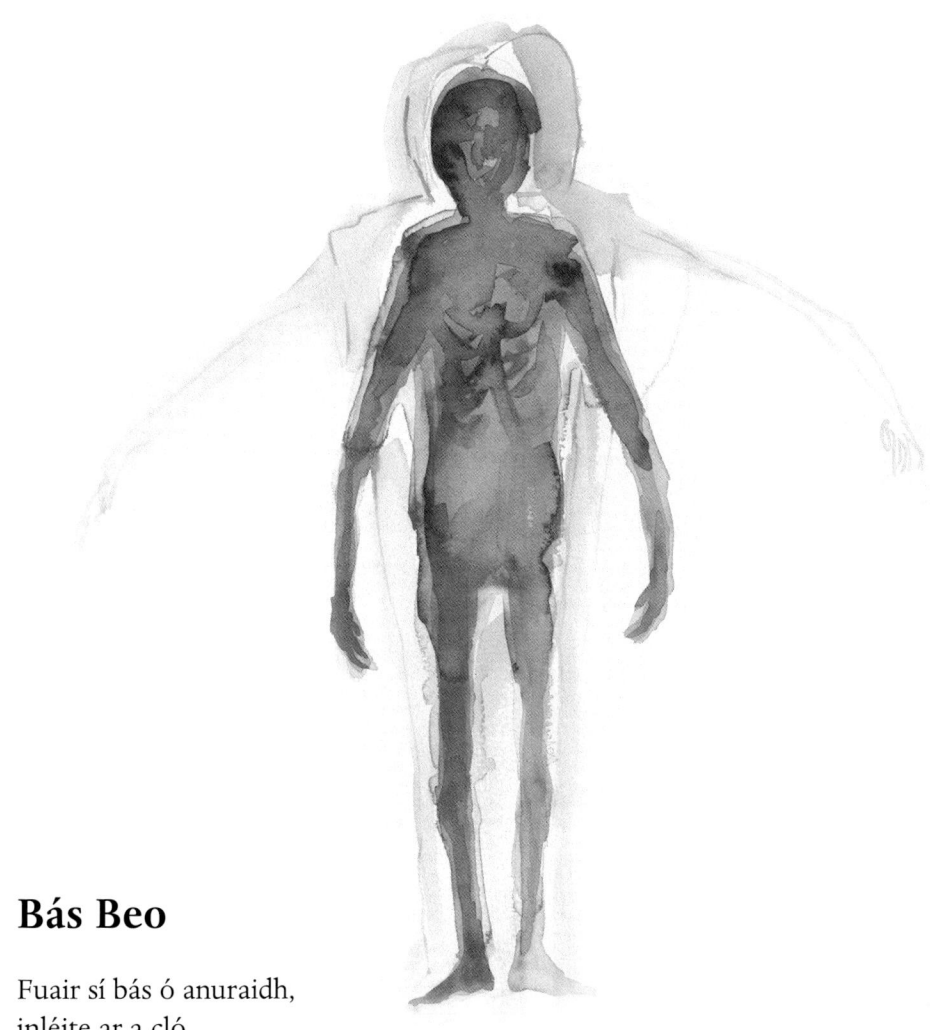

Bás Beo

Fuair sí bás ó anuraidh,
inléite ar a cló,
ní bean na bhfear í a thuilleadh
ach rud fuar gur ghéill sí dhó,
í féin an uaigh ina bhfuil sí curtha,
faraoir, beo.

Obair

Oireann obair don pheacach,
ní mór dó í mar theannta,
gan í cé fhéadfadh seasamh lomnocht
i láthair a aigne, cúis scanraidh.

Ní Ceadmhach Neamhshuim

Níl cuil, níl leamhan, níl beach,
Dar chruthaigh Dia, níl fear,
Nach dualgas dúinn a leas,
Níl bean; ní ceadmhach neamhshuim
A dhéanamh dá n-imní;
Níl gealt i ngleann na ngealt,
Nár chuí dhúinn suí lena ais,
Á thionlacan an fhaid
A iompraíonn thar ár gceann,
Ár dtinneas-ne 'na mheabhair.

Níl áit, níl sruth, níl sceach,
Dá iargúlta iad, níl leac,
Bídís thuaidh, thoir, thiar nó theas,
Nár cheart dúinn machnamh ar a suíomh,
Le gean is le báidhíocht;
Dá fhaid uainn Afraic Theas,
Dá airde í gealach,
Is cuid dínn iad ó cheart:
Níl áit ar fuaid na cruinne
Nach ann a saolaíodh sinne.

Dom Chairde

Cuireann sibh olc orm agus ní gan fáth;
Seasaíonn bhur gcainteanna lánmhara,
bhur dtuairimí údarásacha,
bhur dtacaíocht d'bhur n-aicme bheag,
don éagóir atá ag an láidir á imirt ar an lag
sa domhan so inniu,
agus leis na mílte bliain,
ar scáth an teagasc éithigh,
tá sibhse fós a chraoladh,
thar ceann na fírinne dá gcreidfí sibh,
in ainm Chríost tá coillte agaibh:
troidfead sibh go bás,
cé sibhse mo chairde,
mar cloisim macalla ard
bhur gcainte, fan pasáistí
ar fuaid na staire,
ag déanamh eirligh,
ag satailt.

Mise

Sin é,
Sin inspioráid,
Sin mise.
Níl d'inspioráid ar an saol domhsa,
Ach mise,
Ná duitse,
Ach tusa.
Ach cá bhfaighead é,
Sé sin mise?
Níl fáil air san áit a mbímse,
Ná ní san áit a mbíonn sé,
Ina aonar,
A bhímse,
Mar bímse ar aimsir ag an saol,
Sé sin,
Ag daoine seachas mise.
Fillfead air,
Sé sin ormsa,
Ar leaba ár mbáis.

Ná Fan

Ná fan le malairt aigne,
Ní fhanfar leat má fhanann tú,
Ná fan le ham tráthúil,
Ná bíodh do shúil
Le briathra beannaithe.
Beir air anocht is doirt
Gach beag, gach mórmhothú,
Gach carthanacht,
Gach aimride,
Gach gangaid leis,
Ní lot go tost.
Ná caill ar d'aigne,
Fág í neadaithe
I mbréithre in aice leat,
Dá fheabhas, dá ainnise,
Cuir ainm ar
Gach ar ghaibh trí d'shúil, trí d'chluais anocht, trí d'aigne,
Cum tranglam
Má chaitheann tú,
Dolabhartha,
Ach cuir snaidhm ar shnáth sin d'aigne.

TAR ÉIS MO BHÁIS

Dán Adhmholta

Dán é seo a chuir File Dhún Chaoin, Mícheál Ó Gaoithín, go dtí Seán Ó Ríordáin ag tréaslú a shaothair leis tar éis dó 'Eireaball Spideoige' a léamh.

A chara gan ceo do chuiris bród ar m'intinn,
Go maire tú beo gan brón 'od chloíochtaint,
Go raibh sonas is só gach ló id thimpeall
'S le sochar do charad nár scara tú choíche.

Is iontach liom féin géire do chuimhne,
Is doimhin mar théann tú ag déanamh smaointe,
Ní tuirse ná dua leat cruatan laoithe,
Tugann an fhéith dhuit go féithiúil an ní sin.

Do léas gach dán leat ó bharr go híochtar,
Ní raibh lúb ar lár ná meadhrán id intinn,
Is tú ag ceapadh dánta do chuirfeadh uafás ar dhaoine,
Go minic in uaigneas gan comhluadar id thimpeall.

Is duitse is dual craobh-bhua na tíre,
A fhile uasail uaibhrigh dhílis,
Na dánta so cheapais is i bpratainn do ríomhais,
Nílid uile soiléir ach don té do scríobh iad.

B'é an ceann dob fhearr liom, is a n-áireamh glan,
Adhlacan do mháthar mhánla mhaith,
Do chorraigh do dhán mé, a Sheáin, do chreach,
Scaradh led mháthair is gan fáil ar theacht.

Go maire tú féin, a ghléfhir shuairc,
Go mairir do ré gan léan gan buairt,
Scamaill an tsaoil go dtéid ar cuaird,
Is nár bheire aon ghreim go bráth ort.

– *Mícheál Ó Gaoithín*

Piscín

Focail a ghiniúint as rud,
Ní leor é san Iarthar,
Ní mhairfeadh focail scoite anso,
Ní foláir gníomhartha.

Chonac piscín fé stól anocht
Frámaithe díreach,
É teite ón bhfothram le corp
Eagla, an créatúir.

Piscín mothallach ag tuar gach oilc,
An radharc ab aoibhne,
Ach ní chuireann an chinniúint a cos
Fúithi san Iarthar.

San Oirthear ba leor an nod,
Ba leor an piscín úd,
Ní leor piscín anso,
Mar mhínigh Pól Críost dúinn.

Caithfeadsa an piscín fén stól anocht
A mhíniú dom chomhIartharaigh;
Dar leo ná fuil piscín fé stól ina stad
Lánphiscínithe.

Teip

Le linn dom feitheamh le dochtúir
I dTigh na nGealt do scríobhas dán dúr.
Faraoir níor áiríodh mé ina measc;
Ní rabhas ceart fós, ní rabhas im ghealt,
Is d'éalaíos abhaile ar mo chéill leamh.

An Dán Dúr

Is beag tuiscint idir daoine
I seomra feithimh an ospidéil –
Gach aigne ag feitheamh le fuascailt
Ón bhfeitheamh uile – sin a bhfuil léir.

Tá tubaist sroichte go dtí daoine,
Dá olcas í is dóigh le cách
Gur measa ainnise na gcomharsan
Ná a chantam féin mí-ádh.

Tá cailín múisiúnta inár measc,
Í ag méanfach drugaithe,
Áilleacht ina haghaidh gan áilleacht,
A corp beag mícheart.

Le laochas nochtann sí a místaid,
Gaisc' dar léi bheith ina díol trua,
Ag sú aird óna bhfuil i láthair,
Ise an t-othar gairmiúil.

Claoine is ea a mustar saonta,
Mo thrua í ina haonar ar ball,
Gan teannta druga ná daoine,
Gan fágtha dá poimp ach leamhas.

Tá Dia freagrach inti,
Táim féin ciontach, freagrach;
Éagóir uirthi gach blúire sláinte
Fanta im aigne, im chorp.

Éagóir uirthi gach ball dem éadach,
Is a bhfuil de mhaoin saolta agam,
Mar tá sí bocht i gcorp is in éadach,
Is ina héirim martraithe.

Atmasféar cruiteacháin gan chruit,
A corp amh, neambeo,
Músclaíonn dúil is déistean,
Músclóidh trua go deo.

Préachán

Tá mná na haoise seo
Níos féile féna gcuid
Ná bantracht óige an fhir:
Trua cás an fhireannaigh
A chaill a chumas fir
Sara mbog an bhaineannach.

Údar

Is é dúirt an t-údar so
Ná scríobhfadh focal go
mBeadh Gaeilge ar a thoil aige.

Do chaith sé a óige mhoch,
Is meán a aoise amach,
Is deireadh a laethanta,
Ag tóraíocht Gaolainne.

Ansan fuair bás de gheit,
Díreach is í aige.

Joyce

Chuireas a thuairisc im aigne –
A raibh de im chuimhne scagaithe –
Tá sé ina chuid díom chomh dearfa
Le soiscéal Chríost nó an aibítir.

Tá a chéimseata sho-aitheanta
Ag eúiclidiú m'aigne –
Ní hé a thuilleadh é chomh fada liom,
Is mise é ó alpas é.

Ag triopallacht a fhriotalú táim treascartha,
An fhoirmiúlacht laideanta,
Ní mé mé le linn dom machnamh air,
Ach é siúd – tá lagú ann.

Do chomhraiceas le focail i bhfarradh leis,
Tá sé 'om thionlacan – an t-aingealdeamhan:
Scigshagart é ag rá scigaifrinn,
In éide scigaifrinn ifrinn.

Eiriceacht an creideamh a theagasc sé.
Mhúin sé na deich scigaitheanta,
Droim ar ais a ghairm scoil',
Is chothaigh claoine chleasaiceach.

Ciotarúnta a rún is a asarlaíocht,
Géill don bhfocal ainglí,
Loirg scéimh i salachar,
Is coisric cac le Rabelais.

Goid gach bob as leabharaibh,
Aimsigh feall fuaraigeanta,
Bí id Shátan Beannaithe,
Is coinnealbháigh an farasbarr.

Ba mhó de chleas ná pearsa é,
Foclóir bhain geit as gramadach,
Samhlaíocht a mhair ar neamhshamhlaíocht,
Fuair seilbh ar scigabdaine.

Fáthadh an Gháire

Bhí fáthadh an gháire ar a bhéal
Toisc go bhfuair sé gaoth an fhocail
Go raibh sé ceapaithe ina ollamh –
Níor fríth an t-eolas fós go hoifigiúil.

Ar mo bhéalsa leis bhí fáthadh an gháire
Mar go bhfuaireas gaoth an fhocail
Go rabhas ceapaithe im mharbh –
Níor fríth an dáta fós go hoifigiúil.

Barra Na hAille, Dún Chaoin, Lúnasa 1970

Dán Próis

Tá an dúthaigh seo ag rá rud éigin. Dá bhféadfaí é chur i bhfocail d'aithneofaí gurbh é an dúthaigh a dúirt. Tá an fharraige agus na carraigeacha, tá an féar agus gach fás á rá gur mar seo atá. Tá na daoine á rá. Bíd ina dtost á rá. Labhraidís nó bídís ina dtost is é atá siad a rá – cé nach é a deir siad. Ba mhór an fhuascailt dúinn ar fad é chlos i bhfocail, cé ná beadh aon nuacht ann. Tá sé ráite chomh tréan san ag an dúthaigh seo nach foláir é scagadh ó am go ham. Fulang is ea é.

Eireablú

Fuair sí í féin ina cat,
Dar léi siúd nárbh ait,
Mar bhí sí riamh ina cat –
Ceathairchosach, ciúin,
Eireaball as a tóin,
Radharc san oíche, scrabhadh,
Gomh lapa is mí-amha,
Is í chomh soghluaiste leis an abhainn.

Dá n-iompóinn féin im chat,
Dar liom go mothóinn ait,
Go mba dheacair dom an scrabhadh,
An t-eireaball is an mí-amha,
Do lánshamhlú lem shamhail.

Ní bhraithim ait mo lámh,
Táim inti iomlán,
Ní coimhthíoch liom mo thóin,
Tá sí de réir mo mheoin,
Táim inti intleachtóil,
Ach bheadh ríordánú catbhall
Glan bunoscionn lem mheabhair –
Ba chríocha aineoil im mhapa
Eireaball nó lapa.

Ní bheadh in eireaball ach éadach
Mura bhfásfadh sé díscréideach,
Ag gabháil tionlacain led éirim,
Ribe ar ribe 'od athrú,
Go n-eireablófaí tú catbhuan.

Crisis

Ní chuala go bhfios dom glór na ndaoine
Ag filleadh ón rince sa doircheacht,
Ach do bhraitheas líonrith san aer im thimpeall –
Is bhí a fhios agam,
Gan iad a chlos,
Go rabhadar fillte bhí an t-aer im thimpeall chomh coillte acu.

An Gad is Giorra don Scornach

Chím an duine romham amach
Agus pian mhór air, chím a bhás:

Ach is fuirist dom é féin agus a phian agus a bhás
A chur ar an méir fhada;
Mura gcuirfinn
Ní mhairfinn;
Is leor liom pian an té
Atá faram i láthair na huaire:

Cé gur mise an duine romham amach,
Ní hé mé go fóill,
Agus is cuma liom cén íde a thabharfar air
Nuair ná caithfidh mise an lae inniu
Í fhulang:

Cé go n-aithníonn an fhuil a chéile
Ní trua liom mo mhise féinig –
Achar ó bhaile:

Tá gach mise tá caite dearmhadta, mílítheach,
Is iad súd tá le teacht, tá gach mise acu coimhthíoch:

Ní beag do gach mise
A chuid oilc féin.

Clónna Über Alles

Tá na clónna ag gabháil thart ar mire,
Cló na con, cló an duine,
Chonac anois beag sceitse de choin,
Ar chlúdach Mheasgra Dánta a hAon,
A deineadh tríocha bliain ó shin.
Tá an chú san sa tsíoraíocht anois,
Ach dá olcas tá an sceitse sin fuinte,
Tá na comharthaí sóirt fé leith a dheineann
Cú de ghadhar soiléir le feiscint:
Tá coin á síolbhú fós inniu,
Agus an cló san con orthu chomh tiubh.
Mar an gcéanna leis an duine,
Tá a shainchló féin air lán chomh socair
Is bhí ar a mhacasamhail sa phortach,
Dhá mhíle bliain tar éis a churtha.
An mar seo tá an scéal mar sin –
Imeom ar nós an tsneachta anuraidh,
Ach fanfaidh na clónna fós ag filleadh,
Leis an bpointeáltacht chéanna cruinnis,
Ag iompar con is duine,
Ár macasamhail, ní sinne?

An Cloigeann Mícheart

Pé útamáil bhí ar siúl agam
Im aigne féin istigh,
Do bhaineas an cloigeann de Sheán Ó Baoill,
Is chuireas cloigeann an Bhlaghdaigh air.

Gach uair dá mbuailim le Seán Ó Baoill,
Foghlamaím a chloigeann thar n-ais,
Le súil go ndúiseoinn a chloigeann féin,
An túisce is a chuimhneoinn air.

Ach faraoir géar bíonn fuar agam
Nuair chuimhním ar an mBaoilleach bocht,
Is é cloigeann an Bhlaghdaigh a nochtann chugham,
Is a gháire oirthearach.

Anois cigire scoile is ea Seán Ó Baoill
Is pearsa Domhnaigh is ea cigire,
Is éadach Domhnaigh a chaitheann sé,
Is laethanta Domhnaigh is ea a laethanta.

Cigire cruthanta ab ea an Blaghdach riamh –
Ina mheon is ní de réir oifige –
Is ní féidir é dhíbirt de ghuaille Sheáin
Ó shantaigh a cheann corp an chigire.

Ach nuair a thagann sé féin chun cuimhne chugham
Bíonn a chloigeann ceart Blaghdach air,
Sa tslí gurb é Fathach an Dá Chorp é,
Is gan ach cloigeann amháin orthu.

Tar Éis mo Bháis

Nuair a fhéachas sa scáthán do chonac
Laistiar dem dhrom mo dhá láimh,
Is tuigeadh dom ar dhath a gcnis
Go rabhas á bhfeiscint tar éis mo bháis,
Nár liom a thuilleadh an dá rud
Laistiar dem dhrom – ná rabhas iontu:
Gur mar sin a shamhlódh mo chorp,
Is mé ar deighilt uaidh tar éis mo bháis,
Go bhfanfadh sé ansúd folamh,
Ina chuid den domhan iomlán,
Is mise fós ag eitilt liom,
Neamhspleách ar fhuil, ar fheoil, ar chnámh,
Chím chugham mé féin gan corp umam,
Ach fós mo scáth 'om thionlacan.

Tromluí

I néall i gcéin chonac barr an tí,
An tigh is airde a chonac lem ré,
Do lonnaigh sceon i lár mo chroí,
Do chonac an fhírinne i mbréig.

Ba léir ná féadfadh sé bheith fíor,
Ba léir nár cheart dó riamh bheith ann,
Ba léire fós dom barr an tí,
Is thuas san aer a bhí a bhonn.

Chonac seanduine uafásach thuas
Laistigh d'fhuinneoig i mbarr an tí,
Bhí féasóg fheargach ar a ghnúis,
Is gráin ghráinneogach ina ghéarghuairí.

An ghráin a bheir easlán don slán,
An fuath a bheir an sean don óg,
Do chonac i súilibh an chorpáin
Do shiúil sa tigh mar shiúlfadh beo.

Le reilig-sceon do gheit mo chroí,
Do rinc le creathanna gach ball,
Do chonac an dara bréag bhí fíor,
Corpán ag siúl anonn is anall.

B'in é an taibhreamh deineadh dom
Trém allas-shuan aréir,
Is táim ag iomaidh leis ó shin
Ag lorg íochtarbhrí an scéil.

Nuair a Tháinig Fearg Orm le Muintir na Gaeltachta

Trínne séideadh fearg,
Sí machnaimh séideadh trínn,
Bímís lom mar charraig,
Bímís dírithe,
A bhuíon ionmhain fuair géilleadh uainn is gnaoi.

Suífeam seal ag machnamh,
Uille ar ghlúin díomhaoin,
Tuigtear dom gur neartaigh
Grá ár bhfearg libh,
A bhuíon ionmhain fuair géilleadh uainn is gnaoi.

Ragham uaibh bóthar fada
Soir ar luas le gaoith,
Fearg sinne ag taisteal,
Ní mhaireann dínn ach í,
A bhuíon ionmhain fuair géilleadh uainn is gnaoi.

Sibhse glór ár n-athar,
Cad dob áil linn díbh?
Cad dob áil linn taca
Seachas teannta ár gcroí,
A bhuíon ionmhain fuair géilleadh uainn is gnaoi?

Sibhse sinne is dearbh,
Is gach ar lean sibh riamh,
Idir chroí is mheabhair is fhearg,
Is bior bhur n-abairtí,
A dhream ionmhain thug dúinne láthair tí.

Bhur lasair tá in easnamh
Ar lasracha an tsaoil,
Is gile anois bhur lasadh
Bhur múchadh a bheith linn,
A bhuíon ionmhain thug dúinne clocha aoil.

Má mhúchann bladhm bhur lasrach
Lá codlata i nDún Chaoin,
Ní iomlánófar lasracha
Tá easnamhach dar linn,
A bhuíon ionmhain chuir os ár gcionn an díon.

Taoi Tagaithe, a Aodh

Comhairle shaolta do Aodh Ó Tuama arna theacht ar an saol dó i mí na Márta 1955

Taoi tagaithe, a Aodh,
Tá fáilte romhat go fóill agus tinteán;
Ach is mó san againn Aodh,
Agus créatúirí nach Aodh,
Ná clúdódh an fháilte fuair siad
A dtréimhse sa chliabhán.
Ní leor duit bheith id Aodh,
Ná id dhuine feadh do shaoil:
Caithfir bheith id éitheach
Nó beir id bhalbhán;
Bí id easpag, id bhúistéir,
Id ollamh, nó id mhaor,
Is cuma ciacu é –
Mar an fhaid is bheir id éitheach
Is leat a bheidh an lá.

Gaoth an Fhocail

Siúd na focail dá bhfiaradh
Fé shéideadh na gaoithe,
Siúd beirthe ag an scríb ar na focail;
Siúd ag insint na gaoithe iad
Is ag iompar a mbríonna,
Siúd dúbailte oifig na bhfocal;
Siúd an duine is a shinsear
Ar mhaoilinn na gaoithe,
Dá shéideadh chughainn focal ar fhocal
I dtreo na síoraíochta,
Gan cónaí gan faoiseamh,
Go gcuirfear clabhsúr ar gach cogar.

Suan na hÓige

Is suan a pearsa,
Suan na hóige,
Is suan istoíche
Is is suan de ló í,
Is níl suan chomh haoibhinn le bheith id óigbhean.

Pobal Dé

'A phobal Dé,'
A dúirt an sagart sa tséipéal.
Agus cé hiad pobal Dé?
Scata daoine ag labhairt leo féin
Go híseal sa tséipéal
In éadaí Domhnaigh is corraí ar a mbéal,
Iad mínithe ina n-aon
Ag aingiliúlacht an tseípéil.

Athmhúscailt na hÓige

A Eibhlín Dubh Ní Chonaill,
Do léas do chaoineadh ar maidin;
Nuair a léas an dán san cheana
Do bhíos ar scoil im leanbh.
Cé shéid an óige tharam,
Níor chríon do cheol im anam;
Tá m'óige slán i dtaisce
I ngach briathar binn dár chanais,
Is nuair léas do chaoineadh ar maidin
Do bhíos arís im leanbh.

Mo Bhás Féin

Tá aithne agam ar mo bhás féin,
Seanaithne;
Braithim go bhfuaireas bás fadó,
An bás céanna a gheobhad ar ball:
Nuair a chuimhním ar mo bhás
Ní ar rud nár tharla a chuimhním
Ach ar rud a tharla fadó,
Rud a chuaigh as mo cheann,
Rud a dearmhadadh.
Nuair a thagann an intinn seo dom
Tuigtear dom gurb é mo bhás
An rud is mó ná mise:
Is mó is mise mo bhás
Ná a gcaithfead dem shaol iomlán.
Fear saibhir is ea mise
Ar chuma an uile dhuine
Mar sé an bás mo chiste;
Ní féidir baint leis áfach,
Ní féidir do bhás a chaitheamh
Go n-aibeoidh sé;
Talamh nach féidir a dhíol
Nó airgead ceangailte síos
Is ea ár mbás i gcaitheamh ár saoil.

Banfhile

Is ait liom bean a bheith ina file,
Tuigtear dom gur gairm staile,
Cúram fireann, dúthracht raide,
Is ea filíocht a bhaint as teanga:

Le fórsa fireann, éigean buile,
Tugtar slán an ghin chun beatha;
Is mó ná ait liom file baineann,
As an mnaoi a baintear leanbh,

Deacair di a bheith ina hathair.
An é go n-iompaíonn baineann fireann
Nuair a iompaíonn bean ina file?
Ní file ach filíocht an bhean.

Ag luí léi féin a bhíonn banfhile,
Trom léi féin a bhíonn banfhile,
Ní file ach filíocht an bhean.
Á coilleadh féin a bhíonn banfhile,

Á líonadh féin a bhíonn banfhile,
Ní file ach filíocht an bhean.
Fireannach baineann nó baineannach fireann –
Deacair a rá ciacu í an banfhile,

Ní file ach filíocht an bhean.
Má théann na béithe le filíocht
Is gearr go nginfidh siad leanaí
Gan cabhair ón bhfireannach ina mbroinn,

Is ní file ach neamhní an fear.

Áthas is Buairt

Níl i gcroí na n-óg ach áthas,
Le teanga an áthais a phléann siad buairt,
Níl ina mbuairt ach malairt áthais,
Áthas ar saoire is ea a mbuairt.

Buairt as baile mo chuidse áthais,
Nuair a phléimse áthas sí mo theanga buairt,
Is áthasaí a mbuairt ná iomlán m'áthais,
Is maidir lem áthas níl ann ach buairt.

Gaoth Liom Leat

Do bhuaileas leis an ngaoith is í ag dul abhaile
Do chasas ar mo sháil is abhaile liom léi,
D'aistrigh sí treo is fágadh mé ag taisteal
Fé mhearbhall i gcás idir dhá ghaoth.

An Eochair

Do chailleadar eochair an dorais,
Ciacu den mbeirt acu a chaill í?
Níorbh fhéidir bheith socair a thuilleadh –
Chaithfí an eochair a aimsiú.
Chuadar araon i mbun cuardaigh
Dóigh is andóigh acu á thaighde –
Fuirse agus gleo agus glisiam,
Giob agus geab agus aighneas –
Ach fan! Cad é seo ar an bhfaiche
Is gaethe na gréine á soilsiú?
Is í eochair an dorais í a cailleadh,
Is gan fiú an fhocail aisti –
    an cladhaire

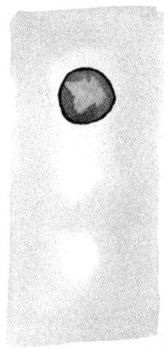

Do Striapach

Do chuais led cheird, is bail ó Dhia ort
Nár dhein fé cheilt do ghnó, a striapach,
Is taoi chomh lom anois id intinn,
Chomh mór gan maíomh gan éirí in airde,
Gur geall le naomh tú, a bhean gan náire.

NÓTAÍ

Tromluí
Tá an dán seo le fáil sna Dialanna faoi na dátaí 13 Aibreán 1949 agus 31 Eanáir 1951. Sa dara ceann acu faighimid an méid seo lena chois: 'Nuair a cailleadh m'athair agus mé im leanbh d'éirigh liom a chreidiúint istoíche agus mé im chodladh go raibh sé beo fós. Agus uaireanta agus mé im dhúiseacht ar feadh na mblianta ní rabhas cinnte ná raibh sé beo. As san a tháinig dán nár chríochnaíos riamh.' Dán luath is ea é. Faoin dáta 13 Aibreán 1949 deir sé: 'Seo roinnt véarsaí nár chríochnaíos riamh. Tá a cúig nó a sé nó b'fhéidir a seacht de bhliantaibh ó scríobhas iad.' Is cosúil gur sa bhliain 1944 a scríobhadh an dán, nó, ar a laghad, tá dréacht de le fáil i ndeireadh cóipleabhair ina bhfuil cur síos ar eachtraí a bhain don fhile i mí Iúil agus mí Lúnasa na bliana sin.

Nuair a Tháinig Fearg Orm le Muintir na Gaeltachta
Ar bhileog chlóscríofa gan dáta atá an dán seo. Ach tá leagan de roinnt de na véarsaí i ndeireadh cóipleabhair a bhfuil blúire den Dialann a bhaineann le Feabhra-Aibreán na bliana 1953 ina thosach. Cuireadh leagan eile den dán i gcló i *Feasta*, Samhain 1954, faoin teideal 'Muintir na Gaeltachta,' cé go bhfuil na trí véarsaí tosaigh, mar a thugtar anseo iad, ar iarraidh ansin, agus nach mar a chéile ar fad an chuid eile díobh.

Gaoth an Fhocail
Suan na hÓige
As leabhar nótaí *c.* 1956–7 a baineadh an dá dhán seo. San áit chéanna tá leaganacha de dhánta áirithe a foilsíodh i *Brosna*, mar atá, 'An Dá Ghuth,' 'Fiabhras' agus 'Daoine.' B'fhéidir nár mhiste 'Suan na hÓige' a thagairt don sliocht seo sa Dialann faoi 20 Iúil 1957: 'Chonac cailín óg – sé mbliana déag? – in oifig i Halla na Cathrach inniu. B'é an chuma a bhí uirthi ná gur le fiordhéanaí a dúisíodh í agus go raibh an solas á dalladh. Bíonn an chuma san ar dhaoine óga.'

Pobal Dé
Athmhúscailt na hÓige
Tá an dá dhán seo, 'Pobal Dé' agus Athmhúscailt na hÓige', nach bhfuil ach an t-aon chóip amháin díobh araon ar marthain, le fáil in aon chóipleabhar le leaganacha nó blúirí de 'Soiléireacht', 'An Gealt', 'Tulyar', 'Bagairt na Marbh', 'Fill Arís', 'Tionlacan na nÓinseach', agus 'Cló'. Ní féidir dáta cruinn a chur le formhór na ndánta sin. Cuireadh 'Tulyar' i gcló den chéad uair in *Agus* Meitheamh 1961, agus is féidir a dhéanamh amach ón dialann gur tar éis bhás a aintín Máire, a cailleadh 6 Deireadh Fómhair 1960, a cumadh 'Bagairt na Marbh'; sa dán féin deirtear go bhfuil sí 'curtha le ráithe.' D'fhágfadh an fhianaise sin go mb'fhéidir gur timpeall na bliana 1961 a cumadh roinnt mhaith de na dánta atá luaite thuas agus an dá dhán seo ina measc.

Mo Bhás Féin
Is ar bhileog chlóscríofa ar leith atá an dán seo agus ní féidir dáta cruinn a chur leis. Ach tá éirim an mhachnaimh le fáil i nDialann na tréimhse 17 Márta 1963–24 Aibreán 1964. Faoin dáta 14 Iúil 1963 tá seo: 'Níl ag éinne ach an bás. Ach ní féidir an bás a chaitheamh. Talamh nach féidir a dhíol nó airgead ceangailte is ea an bás agus ní mór dúinn maireachtaint á cheal i gcaitheamh ár saoil. Fear saibhir is ea mise ar chuma gach éinne eile – tá an bás sa bhanc agam. Ach ní féidir baint leis. Ní féidir seic a scríobh thar a cheann. Is minic a bhímid beo bocht gan pingin rua le caitheamh d'ainneoin an tsaibhris seo go léir i dtaisce againn.' Agus arís faoin dáta 1 Lúnasa 1963: 'Braithim go bhfuil aithne agam ar mo bhás féin – seanaithne. Braithim go bhfuaireas bás fadó – an bás céanna a gheobhad ar ball. Nuair a chuimhním ar mo bhás féin ní ar rud atá gan tarlú a bhím ag cuimhneamh ach ar rud a tharla fadó ach a dearmhadadh. Nuair a thagann an intinn seo dhom tuigtear dom gurb é mo bhás féin an rud is mó is mise – gur mó is mise go mór é ná an chuid eile dem shaol.' Níos déanaí a cumadh an dán, ní foláir, mar sa treoir a ghabhann leis an Dialann deintear tagairt don dá shliocht seo i ndiaidh a chéile, agus tá 'dein dán air' idir lúibíní aige leis an tagairt. Cuireadh an dá bhlúire thuas (ach athruithe áirithe a bheith déanta orthu) i gcló mar shliocht leanúnach i *Comhar*, Bealtaine 1967.

Banfhile
Ceapadh an dán seo do Dhámhscoil Mhúscraí na bliana 1971 agus d'aithris an file é i láthair na Dámhscoile.

Gaoth Liom Leat
I measc nótaí i gcomhair ailt don *Irish Times* i mí Eanáir 1975 a bhí an dán seo.

An Eochair
Ar chlúdach dialainne, agus an dáta 11 Nollaig 1976 ag an bhfile leis, a fuarthas é seo. Seosamh ó Dálaigh, Dún Chaoin, agus a bhean, Peig, an bheirt a bhí sa tóir ar an eochair.

Clár na gCéad Línte

A chara gan ceo do chuiris bród ar m'intinn 181
A chumadóir filíochta 149
A Eibhlín Dubh Ní Chonaill 203
'A phobal Dé' 202
A Ghaeilge im pheannsa 123
A Tulyar, a Stail 143
Ag luí dhom im leaba anocht 54
Ag teacht cliathánach chugham san oíche 118
Aistrigh a cló cait 164
Amuigh ins an oíche 112
'An abrófá paidir dom?' 61
An cat d'fhágáil amuigh 65
An focal mé gan fuinneamh 101
Anois ba mhaith liom bualadh leis 125
Ba mhaith liom tráthnóna do chaitheamh leat 56
Bean chaol suite ar chlaí 164
Beirt bhan óg ag trasnú sráide 57
Bhí an bás lem ais 78
Bhí banaltra in otharlann 114
Bhí béic is búirth na corann im chluais 52
Bhí ceol na hoíche seinnte 64
Bhí fáthadh an gháire ar a bhéal 189
Bhí fuinneamh sa stoirm a éalaigh aréir 77
Buanghol, a Choilm, do cheol 145
Cé cheangail ceangal eadrainn 139
Cé go bhfacasa adharca 109
Chaitheas tarlú 165
Chím an duine romham amach 193
Chonac feithid ins an oíche 95
Chuala sé an ceol i gcainteanna Dhún Chaoin 159
Chuireas a thuairisc im aigne – 187
Conas go ndeirimid an rud ná rabhamar chun a rá? 153
Cuireann sibh olc orm agus ní gan fáth 175
Dá labhródh bean leat íseal 141
Dá scamallaí an spéir anocht 170
Dé Luain do thionscain gaoth 128
Do bhuaileas leis an ngaoith is í ag dul abhaile 207
Do chailleadar eochair an dorais 208

Do chaitheas an oíche 100
Do chaitheas tráthnóna le caidreamh 42
Do chuais led cheird, is bail ó Dhia ort 209
Do chuala trí smaointe 95
Do chuamar ag siúlóid san oíche 59
Do chuir an saol thar maoil 40
Do dhún an ceol an t-aer 84
Do labhair an tír mar theampall 79
Do sheas an cnoc dodhealfa 91
Do shiúlas lá sa chathair 111
Do thit an oíche diaidh ar ndiaidh 172
Domhnach Cásca, mór an náire 82
Éirigh is can ár mbuíochas croí dhó 62
Éist lem achainí is cas ar ais 161
Fág Gleann na nGealt thoir 154
Focail a ghiniúint as rud 182
Fuaim ag leamhan leochaileach, iompó leathanaigh 133
Fuair sí bás ó anuraidh 173
Fuair sí í féin ina cat 191
Gach rud dá dtagann 169
'Gaibh i leith,' arsa Turnbull, 'go bhfeice tú an brón 72
Géaga nocht ar an dtrá 162
Grian an Mheithimh in úllghort 66
I néall i gcéin chonac barr an tí 197
Iarraim ar an naofacht imeacht uaim 130
Im shiúlta tríd an saol 49
Imreoir do dhuine anseo 153
In aice an fhíona 127
Is ait liom bean a bheith ina file 205
Is beag má tá aoinne ann 135
Is beag tuiscint idir daoine 184
Is breá leis an gcat a corp 151
Is deacair an t-ualach seo d'iompar 45
Is deacair bheith id aonar id aonar 160
Is é dúirt an t-údar so 186
Is fada mé ag ól an phíopa 43
Is fada mise amuigh 142
Is léi na súile donna so 158
Is suan a pearsa 202
Le linn dom feitheamh le dochtúir 183
Maidin sheaca ghabhas amach 131

Maith is eol dúinn scéal na lachan 144
Mar sceach fé thathaint na gaoithe 58
Mo ghreidhin iad na línte 157
Mol Dia, a fhile 137
Ná bí am buaireamh a ghadhair 168
Ná fan le malairt aigne 177
Ní chuala go bhfios dom glór na ndaoine 192
Ní fada bhíonn duine ag cleachtadh gréasaíochta 47
Ní loirgím aon véarsa 116
Ní mise an mise a chím anseo 90
Níl cuil, níl leamhan, níl beach 174
Níl éinne sa tuama ag freastal 107
Níl i gcroí na n-óg ach áthas 206
Níl sé róthábhachtach mar níl ann ach corp 134
Nuair a fhéachas sa scáthán do chonac 196
Nuair fhéachas an fhuinneog amach 44
Oíche dí ab ea an oíche aréir 150
Oireann obair don pheacach 173
Ólaidh deoch im fhochairse 98
Pé útamáil bhí ar siúl agam 195
Raghaidh mé síos i measc na ndaoine 103
Sagart ag scréachaigh gach Domhnach 138
Seo libh a dhánta tríd an tír 39
Shiúlas i measc na bpearsantacht 148
Sin é 176
Siúd na focail dá bhfiaradh 201
Sranntarnach na stoirme i Melleri aréir 73
'Suigh síos agus déanfaidh mé pictiúir díot' 41
Tá ag géarú ar a fuadar ó iarnóin 146
Tá aithne agam ar mo bhás féin 204
Tá an doras á chraitheadh is gan Críostaí ann 55
Tá an dúthaigh seo ag rá rud éigin 190
Tá an seomra teann le bagairt na marbh 146
Tá an slua bodhar don teanga Ghaeilge 152
Tá an tseana-Laoi ag urnaí soir 50
Tá bás sa tsamhradh chugham gan mhoill 43
Tá cloigeann scagtha ar mo ghrá 113
Tá duine dubh romham ar an mbinse 115
Tá focail ann dá mb'eol dom iad 48
Tá mná na haoise seo 186
Tá na clónna ag gabháil thart ar mire 194

Tá pearsa imithe as an saol 163
Tá Sasanach ag iascaireacht sa loch 85
Tá sléibhte na leapa mós ard 140
Tá Tír na nÓg ar chúl an tí 70
Taoi tagaithe, a Aodh 200
'Theastódh tigh is gort ón bhfeairín bocht' 129
Thit réal na gealaí i scamallsparán 53
Thuirling pianta diaidh ar ndiaidh 68
Tioc, tioc, tioc, ar chearcaibh ghlaoigh 60
Trínne séideadh fearg 198